ÉTUDES

POLITIQUES

NOUVELLES PUBLICATIONS

Format in-18 anglais.

MON JOURNAL
ÉVÉNEMENTS DE 1815

PAR

LOUIS-PHILIPPE D'ORLÉANS
Ex-roi des Français

2 VOLUMES IN-18. — PRIX : 4 FR.

Paris. — Imp. Lacrampe et Comp., rue Damiettte, 2.

ÉTUDES

POLITIQUES

PAR

ÉMILE DE GIRARDIN

NOUVELLE ÉDITION ENTIÈREMENT REVUE ET CORRIGÉE

PARIS

MICHEL LÉVY FRÈRES, LIBRAIRES–ÉDITEURS

de la Bibliothèque littéraire et de la Bibliothèque dramatique,
format in-18 anglais.

RUE VIVIENNE, 1.

1849

MOYEN D'EXÉCUTION

DES

GRANDES LIGNES DE CHEMINS DE FER.

MOYEN D'EXÉCUTION

DES

GRANDES LIGNES DE CHEMINS DE FER.

I

Au gouvernement les lignes principales et les têtes de chemins de fer, l'intérêt général le veut;

Aux compagnies les lignes secondaires et les embranchements, l'intérêt local le peut.

Les capitaux fournis par l'État;

Les travaux exécutés par l'industrie.

L'avantage de ce système, l'inverse absolument de celui qui fut adopté pour les canaux en 1821 et 1822, est de tout simplifier et de tout concilier.

L'État est propriétaire des grandes lignes de communication;

Il fait de son crédit un emploi utile et judicieux.

L'administration des ponts et chaussées reste maîtresse des tracés, étudie les projets, surveille les travaux, mais ne les exécute pas : affranchie de la responsabilité des détails, elle s'élève en se renfermant dans ses hautes attributions, qui sont la direction et le contrôle d'où elle ne doit jamais sortir.

L'État, le corps des ponts et chaussées et l'industrie sont ainsi heureusement associés. Chacune des trois parties apporte ce qui est nécessaire aux deux autres : l'État, — des capitaux abondants et à bon compte ; le corps des ponts et chaussées, — l'unité dans la conception ; l'industrie, — la rapidité et l'économie dans l'exécution.

Dans ce système, point de complications de tarifs, point d'agiotage, point de risque pour les travaux de rester inachevés faute de fonds, point de garantie d'intérêt, point de subvention, aucun des inconvénients de la concession administrative, et tous les avantages de l'adjudication publique.

Ce système est celui dont l'expérience a démontré a supériorité ; ce système est celui que l'Autriche a adopté ; ce système enfin est le seul qui soit assez solide pour résister à toutes les objections d'une assemblée qui représente un pays dont les députés sont élus par 459 arrondissements, où la centralisation est aux prises avec toutes les difficultés du morcellement sous toutes ses formes, où l'aristocratie n'existe plus, où le régime municipal n'existe pas encore.

Hors de ce système, il y a peu de chances de salut pour tout projet de chemins de fer conçu avec ensemble, et conséquemment exécuté avec étendue.

A ce système, si simple qu'il défie toute discussion approfondie et exclut tout débat oiseux, tout vote périlleux, il n'y a qu'une seule objection, c'est l'objection tirée de la difficulté pour l'État, dans des circonstances peu favorables aux emprunts, de se procurer les fonds nécessaires pour l'appliquer avec la vigueur d'exécution, l'esprit d'unité et la grandeur qui conviennent à la France. Or, à nos yeux, cette difficulté n'est pas sérieuse; et entre les moyens de la résoudre, quand nous le voudrons une bonne fois, nous n'aurons que l'embarras du choix.

Il manque en France à la circulation une valeur qui échappe par le poids de sa masse aux fluctuations de l'agiotage, qui soit d'une négociation si facile et si populaire qu'elle absorbe tous les petits capitaux flottants, et cependant immobiles, qui restent improductifs au fond de tous les tiroirs, au fond de toutes les bourses, au fond de toutes les caisses, parce que, aujourd'hui sans emploi, ils en attendent un demain, qu'ils n'auront peut-être que dans quelques jours, dans quelques mois, et que jusque-là il n'y a pour eux aucun moyen de s'utiliser sûrement, avantageusement.

Les moyens actuels de placement sont, en effet, insuffisants.

Le *prêt sur hypothèque*, en outre des dangers qui lui sont propres, a des inconvénients graves de diverses natures. Généralement, il n'a lieu que pour des sommes d'une certaine importance; et une fois qu'elles ont été converties en une obligation hypothécaire, il devient souvent très-difficile et toujours coûteux, le besoin échéant, d'en opérer le transport. Le prêt sur hypothèque est donc restreint à un certain nombre de cas et à une certaine classe de placeurs, et ceux-là même qui placent ainsi leur argent n'en conservent pas moins improductivement chez eux, pour parer aux éventualités, certaines sommes disponibles.

L'*escompte d'effets de commerce*, même à courts termes, est toujours infiniment périlleux, car il exige qu'on sache exactement à quoi s'en tenir sur la solvabilité du souscripteur et des endosseurs. Il faut avoir un carnet d'échéances ; l'échéance est une préoccupation, attendu la nécessité, en cas de non-payement, d'effectuer le protêt dans le délai prescrit. Le protêt, l'assignation, la saisie, la contrainte, sont des rigueurs qu'il est d'autant plus pénible d'exercer qu'on n'y est pas contraint, soi-même, par le mouvement des affaires. L'escompte des effets de commerce est donc un mode spécial de placement qui ne convient qu'aux banquiers et à quelques capitalistes.

Le *placement en inscriptions de rentes* vaut, sans contredit, infiniment mieux pour les petits capitaux, dont on parle ici, que le prêt sur hypothèques et l'escompte d'effets de commerce ; il a cependant un inconvénient grave, c'est celui d'être soumis à la fluctuation journalière des cours. Pour jouir de l'intérêt d'une somme dont il est possible qu'on ait besoin dans peu de temps, on est exposé à subir une dépréciation plus considérable que le gain de l'intérêt. Les inscriptions au porteur sont encore peu connues ; et pour les inscriptions nominatives, il y a un transfert qui exige l'intervention d'un agent de change, un déplacement, une signature et le payement d'un courtage. Le placement en inscriptions de rentes sur l'État est donc aussi lui-même assez restreint, et ne convient nullement aux petits capitaux flottants et immobiles dont nous avons parlé, qu'on ne place pas, parce qu'il n'existe aucun moyen de leur faire produire sûrement un intérêt quelconque, en en conservant toutefois la libre et facile disposition. Quel immense capital, cependant, on composerait si l'on pouvait agglomérer toutes ces petites sommes éparses de cent francs et au-dessus que chacun garde chez soi pour faire face à une dépense dont l'occasion ne se présentera peut-être pas, ou au payement d'un mémoire qui peut se faire longtemps attendre.

Les *bons royaux* sont des effets au porteur ou nominatifs que le trésor public émet à trois mois, six mois, neuf mois et un an de terme, et dont l'intérêt varie de 2 1/2 à 4 0/0, suivant qu'ils sont à échéance plus ou moins longue et que l'argent est plus ou moins abondant. Ce mode de placement a l'avantage d'être exempt des fluctuations du cours de la rente; c'est ce qui le fait rechercher par tous les capitalistes qui veulent conserver la faculté de pouvoir toujours disposer de leurs capitaux sans risque d'être obligés de subir la perte d'une réalisation, et sans que pour cela cependant ils restent improductifs d'intérêt. Il arrive souvent qu'il y a moins de bons royaux que de demandes; dans ce cas, il y a un faible agio, c'est-à-dire qu'on est obligé de les acheter à la bourse un peu plus cher qu'ils n'ont été payés primitivement au trésor. Que serait-ce si le trésor, au lieu de ne délivrer de bons royaux que pour des sommes excédant celle de 500 fr., pouvait mettre des bons royaux de 100 fr. au porteur à la disposition de tous ceux qui en demanderaient? Dans l'état présent des choses, ce mode de placement est loin d'être encore suffisamment connu et d'un usage général ; il n'a ordinairement lieu que pour des sommes d'une certaine importance, et cependant la masse des bons royaux en émission a dépassé, dans de certaines années, trois cents millions. Que par ce chiffre on juge donc de la puissance et de la popularité qui seraient réservées à un mode de placement analogue, qui aurait l'avantage de *paraître* présenter des garanties plus réelles encore, de n'être pas remboursable à échéances fixes et rapprochées, et de donner un emploi productif à tous les petits capitaux qui, par divers motifs, ne sont aujourd'hui susceptibles d'en recevoir aucun.

Pourquoi donc n'émettrait-on pas, au fur et à mesure des besoins et des travaux, des *bons de chemins de fer*, ayant les chemins de fer eux-mêmes pour garantie spéciale, indépendamment de la garantie supplémentaire de l'État, étant productifs d'un intérêt de 3 fr. 65 c. par an, au porteur, pour les sommes de 100 à 1,000 fr., et nominatifs ou au porteur, au choix, pour les sommes de 1,000 fr. et au-dessus?

Qu'y aurait-il à la fois de plus simple et de plus sûr pour tous les particuliers, et de moins onéreux pour l'État?

Toute personne, à quelque classe qu'elle appartînt, dès qu'elle aurait 100 fr. chez elle, les convertirait en un bon de chemins de fer d'égale somme, pour jouir des intérêts à courir jusqu'à l'époque où elle le donnerait en payement. Quant au calcul des intérêts, quoi de plus simple? Tous les bons de chemins de fer auraient le 1er janvier pour date de jouissance. L'intérêt étant d'UN CENTIME PAR JOUR par somme de 100 fr., et de DIX CENTIMES PAR JOUR par somme de 1,000 fr., il n'y aurait pas même de risque qu'un enfant s'y trompât. Tout *bon de chemin de fer* de 1,000 fr. gardé en caisse pendant un mois vaudrait 1,003 fr., et serait donné en payement pour cette somme. Nul doute que l'effet moral d'une telle création ne fût bientôt de familiariser tout le monde avec les avantages de l'épargne et d'étendre encore les habitudes d'ordre, et par suite les moyens de bien-être. On dépense assez facilement, et sans s'en rendre compte, l'argent qui reste improductif; on dépense plus difficilement celui qui donne un intérêt, quelque faible qu'il soit. L'argent attache plus par son produit que par lui-même. C'est une observation dont l'exactitude ne sera contestée par aucun de ceux qui ont attentivement suivi les placements qui s'opèrent dans les caisses d'épargne.

Nous négligeons tous les détails secondaires d'exécution; ce n'est pas ici le lieu de s'en occuper; ce n'est pas un projet de loi que nous rédigeons, mais simplement le germe d'une idée que nous déposons.

S'il en était du moyen que nous venons d'indiquer comme il en a été de la garantie d'intérêt qui a trahi les espérances qu'on avait fondées sur elle, s'il n'avait pas une énergie suffisante, rien ne serait plus facile que de l'accroître en donnant aux *bons de chemins de fer* un numéro de série, et en les faisant concourir à un tirage de lots analogue à celui qui a lieu pour les obligations de la ville de Paris. L'intérêt fixe des *bons de chemins de fer* n'étant que de 3 francs 65 c. par an, on pourrait appliquer 35 centimes à l'affectation de ces lots; ce qui ne ferait encore qu'un intérêt de 4 0/0 par an. Les porteurs de ces bons jouiraient donc ainsi de deux avantages : premièrement, de recevoir un intérêt de 3 fr. 65 c. par an ; deuxièmement, de courir, sans aucun risque de perte, la chance de gagner un des lots qui pourraient varier de 500 fr. à 50,000 fr. S'il y avait une objection à faire à ce moyen de crédit, ce serait d'être doué d'une action trop puissante, d'exciter trop vivement à l'épargne et de placer les *bons de chemins de fer* dans une position trop favorable peut-être, par rapport à la rente, aux bons royaux, aux placements hypothécaires, à l'escompte des effets de commerce, au dépôt dans les caisses d'épargne, et surtout aux billets de la banque de France.

A cette dernière objection, il y aurait plusieurs réponses : — Premièrement, l'émission des *bons de chemins de fer* serait forcément limitée à l'importance des sommes appliquées à l'exécution des lignes principales ; deuxièmement, cette émission n'aurait pas lieu en bloc, mais successivement dans la mesure de la vitesse imprimée aux travaux ; troisièmement, la nécessité étant reconnue pour la France de ne pas rester inférieure sous le rapport des voies de fer à l'Angleterre, et surtout à l'Allemagne, peu importerait que ce fût par l'impôt, par l'emprunt, par une garantie d'intérêt, par l'émission dont il est parlé ici, ou par tout autre mode, que l'État se procurât les fonds, s'il les fallait dans tous les cas ; quatrièmement, si la plus grande partie des fonds déposés dans les caisses d'épargne préférait désormais s'employer en *bons de chemins de fer*, le trésor public, qui paye aux déposants un intérêt de 4 pour 0/0, tandis qu'il peut émettre à 3 p. 0/0 des bons royaux, n'aurait qu'à s'en applaudir, puisque non-seulement il y trouverait un bénéfice, mais encore qu'il serait déchargé de la grave responsabilité qui pèse sur lui ; responsabilité qui consiste, dans les temps de crise, à être toujours en mesure de faire face à toutes les demandes subites de remboursements ; cinquième-ment, enfin, il ne faut pas oublier que la création de *bons de chemins de fer* se proposerait moins pour but d'accaparer les gros capitaux, ceux qui se placent sur garanties hypothécaires ou qui opèrent dans l'indus-trie et le commerce, que d'utiliser les petites sommes qui, aujourd'hui, n'ont pas d'emploi et restent consé-quemment improductives d'intérêt.

Il faudrait insister sur ce point par tous les moyens particuliers dont les ministres disposent et par ceux que leur offre la publicité des journaux, dont, à notre avis, le gouvernement néglige ou dédaigne trop de se servir. Aussi, rarement ses améliorations produisent-elles l'effet qu'il en avait attendu. Ce n'est pas la faute des améliorations, mais bien celle du gouvernement, qui ne fait pas, pour qu'elles soient comprises ou ap-préciées, ce qu'il faudrait qu'il fît. Qui connaît dans les départements l'institution des *petits grands-livres ?* — Qui sait qu'alors qu'on a une somme de 230 à 250 francs sans emploi, on peut se faire délivrer une ins-cription de 10 francs de rente nominative ou au por-teur ; et qu'ensuite, dès qu'on a une première inscrip-tion, on peut acheter des rentes un franc de rente par un franc de rente ? Qui sait qu'il y a des bons royaux de 500 francs seulement ? — Mais ces modes de place-ment, fussent-ils plus connus, ils ne seraient pas encore généralement adoptés, parce qu'ils présentent des difficultés d'acquisition, de revente et de circulation que n'auraient pas les *bons de chemins de fer,* qui ne tarderaient pas à devenir d'un usage aussi général que les *banknotes* en Angleterre et en Autriche, et les *cassaschein* en Prusse.

Mais la circulation de ces bons rencontrerait en France, pour obstacle longtemps invincible, la crainte qu'ils n'aient été contrefaits et qu'ils ne soient faux. — Est-ce que cette crainte empêche en Amérique, en Angleterre et en Allemagne, la circulation du papier émis par les banques? — Parce qu'un obstacle fâcheux existe, n'est-ce pas au contraire une raison de tenter de le vaincre? Et quel moyen plus efficace? D'ailleurs, pourquoi l'État ne déclarerait-il pas qu'il prendra à son compte et remboursera tout bon de chemins de fer qui aura été reconnu faux? Plus il sera donné de sécurité à la circulation, et plus elle gagnera en étendue. Dans ce cas, les chances de remboursement par suite de faux si sévèrement puni d'ailleurs par la loi seraient infiniment moindres que les bonifications résultant de *bons de chemins de fer* perdus et détruits par l'effet même des facilités données à la circulation. C'est ce que la banque de France a eu le tort de ne pas comprendre, en ce qui concerne les billets qu'elle émet ; aussi la circulation en est-elle à peu près exclusivement restreinte à la ville de Paris. Quand on vous dit qu'il y a dans les départements des receveurs des finances, des receveurs de l'enregistrement qui ne consentent à recevoir des billets de la Banque de France en payement que moyennant une commission, en vérité on a de la peine à le croire et à s'expliquer qu'il règne encore une telle inintelligence du crédit dans un pays qui s'appelle la France, et parmi des fonctionnaires publics de cet ordre. Cela est ainsi pourtant, et le gouvernement ne fait rien pour qu'il en soit autrement, comme s'il n'était pas le premier et le plus fortement intéressé aux progrès de l'éducation économique et financière du pays; comme si ce n'était pas le moyen d'étendre la puissance de son levier et de se rendre indépendant des grandes maisons de banque, dont il finit toujours par subir la loi, ainsi que l'atteste le dernier emprunt de cent cinquante millions! — En fait de crédit, nous en sommes encore à l'âge de la féodalité.

Quand nous nous exprimons ainsi, nous n'avons pas l'intention denier les immenses services que de grandes maisons de banque ont rendus à la cause de la paix du monde et de la civilisation; nous voulons seulement dire que l'espèce de monopole financier qu'elles exercent a pour fondement l'ignorance générale en matière de crédit, et que le jour où cette ignorance aura disparu, ce monopole aura cessé d'exister.

L'idée d'émettre des *bons de chemins de fer* étant favorablement accueillie, viendrait la question de savoir si l'on devrait les soumettre à un mode quelconque d'amortissement ou de remboursement. Ce ne serait pas notre avis. Quand le gouvernement voudra les retirer de la circulation, il le pourra toujours, comme cela a lieu aujourd'hui pour les vieilles pièces de monnaie qu'il fait refondre. Mais quel inconvénient verrait-on à laisser subsister dans la circulation des titres qui, si les chemins de fer produisaient en moyenne 4 0/0 d'in-

térêt du capital employé, ne grèveraient aucunement
le trésor public, et donneraient à tout le monde des
moyens d'épargne faciles et supérieurs assurément à
tout ce qui existe en ce genre ? Quand une banque émet
des billets portant intérêts, quel gage le public, qui
échange son argent contre ces billets, a-t-il que cet argent ne sera pas détourné de sa destination ; que la pro-
bité, la prudence, l'habileté présideront à toutes les
opérations de la banque à laquelle il a confié ses fonds?
— Aucun.—S'il conçoit des doutes,¹ quel moyen a-t-il
de les dissiper? — Aucun. — Assez de faillites considérables, imprévues et improbables, sont venues ré-
véler, dans ces derniers temps, le nombre immense de
petites gens économes et de gens à gages plaçant leurs
épargnes chez les receveurs généraux, les banquiers
et les notaires, le danger de ces sortes de placements
et la nécessité d'un placement nouveau? Les *bons de
chemins de fer* auraient cet avantage, qu'ils porteraient
avec eux-mêmes leur garantie visible. La preuve que
l'argent versé aurait reçu sa destination, ce seraient
d'abord les travaux exécutés, ensuite les comptes rendus aux chambres législatives et contrôlés par elles,
enfin la mise en exploitation des chemins de fer. Quel
placement aurait jamais offert autant de sûreté?—Garantie en quelque sorte hypothécaire et garantie supplémentaire de l'État. Croit-on que si en 1837 les *bons
de chemins de fer* eussent existé, tant de petits capitaux
se fussent jetés aveuglément dans la commandite? —
Assurément non, l'engouement qui s'est manifesté
à cette époque n'avait qu'une cause, la difficulté
pour beaucoup de petites épargnes de s'utiliser, et

l'insuffisance des moyens de placement existants.

On a dit qu'il y avait quelqu'un qui avait plus d'esprit que celui qui en avait le plus, c'était tout le monde; il y a aussi quelqu'un qui a plus d'argent que celui qui en a le plus, c'est tout le monde. Prenez-le donc pour banquier, il vous donnera, moyennant 3 fr. 65 c. par an, 4 0/0 au plus, et sans terme de remboursement, autant d'argent qu'il vous en faudra pour exécuter toutes les *lignes principales* des chemins de fer ; et il lui en restera encore assez pour entreprendre ensuite toutes les *lignes secondaires,* si vous lui laissez toute liberté de régler péages, pentes et courbes, sauf à la concurrence à s'établir et en cas d'accidents ayant pour cause l'imprévoyance ou l'incurie des compagnies à les en rendre responsables et à les condamner à des amendes sévères et à des dommages-intérêts considérables.

II

Il n'y a de grand que ce qui est simple ; il n'y a de facile que ce qui est grand.

Si la confusion règne dans la discussion à laquelle est soumis le projet de loi relatif à l'établissement des grandes lignes de chemins de fer, ce n'est pas la chambre des députés qu'il faut en accuser, mais le gouvernement, qui n'a pas deux idées qui se suivent, deux vues qui concordent, qui n'a de système sur rien ; aussi la complication est-elle le caractère distinctif de toutes ses conceptions, et la contradiction la conséquence inévitable de toutes ses mesures.

Le gouvernement ne sait pas ce qu'il veut, ni où il va.

Le pays ne sait pas ce qu'il peut, ni où on le mène.

Le gouvernement étant sans décision, le pays est sans confiance ; de là tant de frottements qui gaspillent des forces utiles, de là tant d'années précieuses perdues en débats stériles.

Que vos projets de loi soient simples, qu'ils appartiennent tous à une même pensée, et la discussion en sera forcément claire et rapide.

Une bonne fois, sachez donc ce que vous voulez. Voulez-vous la paix ? — Voulez-vous la guerre ? Si vous redoutez prochainement l'éventualité d'une guerre, observez, prévoyez d'où elle vous viendra, et

préparez-vous en conséquence. Consultez les intérêts
de chaque peuple pour savoir quels seront les alliés de
votre ennemi, quels seront les vôtres, quels gouverne-
ments resteront neutres, dans quelles circonstances et
à quelles conditions ; que toute votre attention se porte
sur l'organisation de votre armée, qui n'est bonne ni
pour la paix, ni pour la guerre ; sur le rôle réservé à
votre marine; sur l'approvisionnement de vos arsenaux ; sur les travaux de sûreté que réclament votre
territoire et vos ports; appliquez à cela toutes les ressources de vos finances, toute la puissance de votre
crédit, et vous ferez œuvre de force et de prudence
car, avant tout, l'indépendance nationale ! Mais si l'é-
ventualité d'une guerre est éloignée, si elle est improbable, s'il dépend presque entièrement de vous de la
rendre impossible; si la paix, enfin, est dans votre politique, sachez donc faire ce qu'il faut pour la rendre
durable, glorieuse et féconde! Changez le mode
de constitution ruineuse de votre armée, faites disparaître de vos finances la complication et le désordre qu'y entretient l'amortissement, artifice impuissant qui nuit au crédit et ne profite qu'à l'agiotage, que l'expérience a condamné, que l'Angleterre a
abandonné, que vous n'avez pas osé abolir et que vous
n'avez pas craint de mutiler à deux reprises, en 1825
et 1833 ; car c'est surtout en matière de crédit que tout
ce qui est compliqué est funeste. De bonnes finances
sont celles dont tout contribuable peut se rendre facilement compte. Ne confiez pas légèrement à des hommes honorables sans doute, éclairés peut-être, mais
sans spécialité, sans traditions, vos postes diplomati-

ques, tous importants ; ne prodiguez pas à des jeunes
gens ignorants, étourdis, tranchants, les titres de consuls et d'attachés ; lorsqu'il s'agit d'agents diplomati-
ques, le choix qui paraît le plus insignifiant ne l'est pas.
Que la conservation de la paix soit votre pensée constante ; rapportez-y tout ; mettez votre force dans la
prospérité de votre pays et dans la solidité de son crédit ; ne vous abandonnez à aucune susceptibilité irré-
fléchie ; si des sujets de mécontentement vous sont
donnés, ne consultez que vos intérêts, et si ces intérêts
sont tels qu'ils exigent que vous gagniez du temps,
ajournez vos ressentiments, au risque même d'être ac-
cusés par les partis de faiblesse et de longanimité, les
années, dans la vie des peuples, sont à peine des se-
condes. Qu'on sache seulement qu'à un jour donné
vous n'oublierez rien, et que si vous avez permis qu'on
pût prendre votre calme pour de la faiblesse, c'est
que vous étiez assez forts pour être patients, assez ha-
biles pour ne pas vous laisser inconsidérément trou-
bler dans votre œuvre et détourner de votre but par
l'intrigue et les rivalités.

Sortez, sortez donc enfin de ce système qui n'est ni
la paix, ni la guerre ; qui est sans grandeur et sans
gloire ; qui vous impose la charge d'une armée dis-
proportionnée, trop faible pour résister à l'Europe
coalisée, inutile pour soutenir une lutte contre l'Angleterre, trop coûteuse pour vous permettre de donner à vos travaux publics l'ensemble et le rapide développement auxquels est attachée la solution des plus
importantes questions économiques, industrielles, commerciales et maritimes ; qui écrase vos finances, para-

lyse votre crédit, indispose les contribuables, inquiète l'Europe, et fait la force des partis contre vous. Entrez franchement dans le système de la paix. Pour peu que vous l'étayiez, plus de quinze années s'écouleront avant que l'empire ottoman s'écroule. L'Angleterre est aux prises avec des difficultés qui sont pour vous des garanties ; utilisez-les ; sa dette est un boulet qu'elle traînera longtemps et qui la tient captive. La Russie a son crédit à fonder, son industrie et son commerce à mettre en rapport avec le chiffre de sa population et l'étendue de son territoire ; si l'ambition qui dirige sa politique est redoutable, c'est surtout parce qu'elle sait attendre, elle compte les années moins vite que uous ne comptons les heures. L'Allemagne tout entière a, au plus haut degré, le sentiment de l'équité, le respect du droit : ne les blessez pas, ce n'est jamais elle qui les violera ; l'Allemagne va du bien-être à la liberté ; c'est-à-dire qu'elle suit la voie opposée à celle que nous avons prise ; peut-être n'est-ce pas la plus rapide, mais c'est incontestablement la plus sûre ; patiente, modeste et studieuse, elle a moins le besoin de *conquérir* ce qui lui manque que de l'*acquérir* ; c'est encore tout le contraire de nous ; elle est brave sans être belliqueuse, ce qui fait l'éloge de son caractère et de son esprit, qui la portent plutôt vers les idées de progrès et de civilisation que vers les idées de guerre et de domination. Sachons ménager ses justes susceptibilités, et nous serons assurés de toutes ses sympathies. Nous avons heureusement, dans la haine des Espagnols contre l'Angleterre, un contre-poids à l'influence que cette puissance exerce sur leur gouvernement. D'où la guerre viendrait-elle donc? — Elle ne peut venir que de nous, et la seule guerre légitime, nationale, universellement populaire, qui soit probable et possible dans l'avenir, serait une guerre ayant pour but d'enlever à l'Angleterre la suprématie maritime qu'elle s'est arrogée trop longtemps, guerre dont on pourrait dire qu'elle serait un *nouveau gage donné à la paix,* car elle aurait pour effet de lier plus étroitement encore les intérêts de la France à ceux du continent !

Si ce point de vue est faux, vous avez eu tort de présenter aux chambres législatives un projet qui égare le budget dans la voie du déficit, qui engage le pays jusqu'en 1855 dans des travaux qu'il n'aura pas le temps, qu'il n'aura pas les moyens de finir ; car à ces travaux vous n'avez affecté que des ressources incertaines qui se dissiperont à la fumée du premier coup de canon tiré sur le Rhin ; vous vous êtes confiés en aveugle à la « *fortune de la France.* » Si, au contraire, ce point de vue est juste, vous n'avez pas su vous élever à sa hauteur, vous perdez un temps précieux, vous laissez échapper une admirable occasion de donner à l'Europe la mesure des forces que possède la France, et de la faire aussi grande par la paix qu'elle l'a été par la guerre. Vous êtes ou téméraires ou timides à l'excès ! Votre confiance résulte d'un sentiment, et non d'un système. Ce n'est pas là de la politique.

Votre projet de loi, à défaut de grandeur, n'a pas même d'unité ; il sème partout des tronçons ; il est un pêle-mêle de tous les systèmes ; il sanctionne toutes les accusations portées contre l'administration des ponts et chaussées ; il relève toutes les compagnies de l'abaissement dans lequel les avaient fait tomber leur présomption, leur impuissance et leurs fautes ; il place l'État, par rapport à l'industrie privée, dans la condition d'infériorité où se trouve le praticien par rapport au statuaire ; il enlève aux départements et aux communes des ressources déjà insuffisantes pour l'achèvement et l'entretien des routes départementales et des chemins vicinaux, que les chemins de fer ne doivent pas faire négliger.

A votre place, qu'aurait fait un grand ministre ? — Il aurait, avant toute chose, donné à l'armée une organisation nouvelle, une organisation pacifique.

Il aurait supprimé l'amortissement, moins encore parce qu'il grève le budget de l'État des frais de perception d'un impôt annuel de 44 millions, que parce qu'il grève le taux de l'intérêt et qu'il met le mensonge et la complication dans vos finances.

Il aurait fait dresser, après une enquête qui fût restée mémorable, un plan général de toutes les voies de communication, — routes, canaux et chemins de fer, — qui sont nécessaires : premièrement, pour mettre en valeur toutes les parties de notre sol ; deuxièmement, pour résoudre les principales difficultés, — cherté du combustible et du fer, — qui maintiendront longtemps l'industrie française par rapport à l'industrie britannique dans une condition fâcheuse d'infériorité ; troisièmement, pour donner à la consommation intérieure un essor égal au progrès de la production.

Il se fût fait présenter le devis de la dépense nécessaire pour mettre tous nos ports dans le meilleur état, au double point de vue de la sécurité nationale et du commerce.

Il aurait étroitement lié votre système de défense militaire à votre système de voies de communication, l'un étant nécessairement dans la dépendance de l'autre.

Il aurait enfin, sans hésiter, réparti entre dix années, quinze années au plus, cette masse de travaux, quelque considérable qu'elle fût, afin qu'à l'expiration de ce terme la France n'ait plus qu'à s'occuper de les maintenir en bon état d'entretien.

Cette dépense doublât-elle le chiffre actuel de votre dette publique, qu'elle en eût allégé le poids plutôt qu'elle ne l'eût aggravé, car de nos jours le moyen le plus efficace pour la paix de se libérer des charges de la guerre, est moins dans la parcimonie que dans l'utilité des dépenses. Pourquoi ne demanderions-nous pas à l'avenir, qui profitera de leur emploi, des ressources en proportion avec les charges que nous a léguées le passé? Ne serait-ce pas de toute équité alors que ce ne serait pas conforme aux principes les plus certains de la science économique?

Il ne faut pas confondre les dépenses qui sont des dépenses effectives, telles que la solde de l'armée et les traitements des fonctionnaires, avec celles qui ne sont que des avances de fonds faites à des travaux productifs. C'est l'erreur que commettent ceux qui inscrivent ces *avances* au budget comme des *dépenses* qui le surchargent; ceux qui, lorsqu'on leur parle de la nécessité où se trouve la France de ne pas laisser ses voies de communication en arrière de celles de l'Europe, vous opposent pour tout argument le mot *déficit ;* ceux qui assimilent le crédit public au crédit privé.

Le crédit public et le crédit privé sont parfaitement distincts : le particulier emprunte à terme un capital remboursable, l'Etat emprunte à perpétuité un intérêt réductible. Il ne faut donc pas, lorsqu'il s'agit de travaux publics mûrement étudiés, se laisser imposer par les gros mots de déficit et de milliards! Quand, d'ici à dix années, la France dépenserait deux milliards en voies de communication et en amélioration de ses rivières et de ses ports, où cela la conduirait-il? — A la banqueroute, dites-vous? Examinons ce qu'il y a de fondé dans une pareille crainte. Deux milliards à 4 p. 100 représentent une charge annuelle de 80 millions d'arrérage à servir. D'abord sa dette n'aurait pas à supporter tout à coup le poids de cette charge, puisque la dépense s'échelonnérait sur dix années; ensuite, viendraient en déduction les péages qui seraient perçus et qui, si bas qu'on les estime, ne sauraient être évalués à moins de 2 p. 100 Resteraient donc dans cette hypothèse tout au plus 40 millions d'intérêts à servir; croit-on que dans ces dix années les impôts de consommation ne s'élèveraient pas dans une proportion plus considérable, si le nord et le midi de la France pouvaient à peu de frais échanger leurs produits et les consommer réciproquement; si les matières premières et le combustible étaient allégés des frais de transport qui les renchérissent outre mesure; si l'industrie pouvait abaisser ses prix sans réduire ses salaires? Nier ce résultat, ce serait contester qu'il soit vrai que le montant des recettes ait constamment augmenté depuis 1831 dans une proportion moyenne de 25 millions (1). Le budget de la France en 1852, fût-il plus élevé qu'aujourd'hui de 40 millions, qu'il lui serait alors plus léger à porter. Maintenant, si l'on admet qu'il n'aura été fait que des travaux produisant un intérêt égal à celui du loyer des capitaux prêtés à l'Etat, quel accroissement de force et de prospérité pour la France ! Quel allégement pour les contribuables ! Dans quelle admirable situation ne serait-elle pas aujourd'hui si, au lieu d'avoir consacré, en moyenne, 271,757,457 fr. chaque année, depuis 1830, à l'entretien de son armée, elle eût employé en voies de communication la moitié de la somme totale, c'est-à-dire 1,902,302,201 fr., près de deux milliards ! Ne serait-elle pas plus grande et plus forte ? Quel essor son crédit n'eût-il pas pris ? Avec quelle facilité la conversion ne se fût-elle pas opérée ? A quel taux l'intérêt de sa dette, s'élevant à 163,411,528 fr., ne fût-il pas descendu ? Ainsi, toute idée un peu grande vous ramène toujours à la nécessité d'une nouvelle organisation de vos armées de terre.

De ce qui précède il résulte que nous sommes une nation prodigue et routinière, que nous n'avons pas de scrupules lorsqu'il s'agit de dépenser follement l'argent des contribuables, que nous ne ressentons de craintes que lorsqu'il s'agit de l'employer utilement.

---

(1) Les recettes de 1831 sont de 941,644,864 fr.; celles de 1840 (les dernières définitivement votées) se sont élevées à 1,160,147,652 fr. La différence, soit 228,502,788 fr., donne en moyenne 25,382,532 fr.

C'est en effet l'esprit de tous les prodigues qui se ruinent : il n'y a jamais pour eux de placements ni assez sûrs, ni assez avantageux !

Ces idées admises, toutes les difficultés, toutes les complications du projet de loi que discute la chambre des députés ne se fussent jamais présentées ; aucune rivalité dans le classement des lignes ne se fût élevée, car il y aurait eu des lignes pour desservir tous les intérêts légitimes, et porter équitablement dans toutes les parties de la France le mouvement et la richesse ; toutes ces combinaisons mixtes, tous ces expédients mesquins qui traînent l'État à la suite des compagnies, n'eussent pas vu le jour ! La loi se fût bornée à consacrer dans l'application ces principes que nous ne saurions trop souvent rappeler :

Au gouvernement les lignes principales et les têtes de chemins de fer ; l'intérêt général le veut ;

Les capitaux fournis par l'Etat ;

Les travaux exécutés par l'industrie.

Aux compagnies les lignes secondaires et les embranchements ; l'intérêt local le peut.

Assimilant à une commandite les capitaux qu'il eût empruntés, la règle générale que l'Etat se fût imposée dans le choix des tracés eût été celle-ci : — Subordonner toutes les questions de distance et de travaux à la nécessité, premièrement d'obtenir des capitaux engagés l'intérêt le moins hypothétique et le plus élevé ; deuxièmement de se procurer le combustible au plus bas prix.

Comme voies et moyens, l'Etat se fût borné à demander l'autorisation d'émettre, au fur et à mesure des besoins et des travaux dûment justifiés, des *bons de chemins de fer*, ayant les chemins de fer eux-mêmes pour garantie spéciale, indépendamment de la garantie supplémentaire de l'Etat, étant productifs d'un intérêt de 6 fr. 65 c. par an, — un centime par jour, — au porteur pour les sommes de 100 fr. à 1,000 fr., et nominatifs ou au porteur, au choix, pour les sommes de 1,000 fr. et au-dessus.

A l'adoption de ce mode, tirant surtout sa puissance de sa simplicité, il n'a été fait qu'une objection banale, réfutée d'avance, et consistant à dire qu'il serait dangereux de lancer le crédit de la France dans la voie où s'est perdu celui des Etats-Unis, dans la voie du papier-monnaie, comme s'il pouvait y avoir analogie entre des billets émis à peu près sans contrôle et sans garantie par des banques libres de s'établir en nombre indéfini; et des bons dont l'émission, soumise à la *garantie de l'État et au contrôle des Chambres législatives,* serait forcément limitée à l'importance des sommes appliquées à l'exécution des grandes lignes de chemins de fer, c'est-à-dire toujours proportionnée à la valeur du gage; comme si les bons royaux, les rentes au porteur n'étaient pas du papier-monnaie; comme si de bons de chemins de fer, créés sans échéance, ne valaient pas mieux financièrement que les annuités dont M. Humann, dans la séance de la Chambre des députés du 20 mars 1842, vantait les avantages en ces termes :

« J'ai pensé à toutes les époques que les annuités
« étaient pour l'Etat un bon titre de crédit; je désire
« que l'expérience s'en fasse, et que l'on voie à quel
« taux, à quel cours se négocieront les annuités. Il est

« impossible que l'Etat fasse toutes les dépenses qui
« sont en projet sans recourir encore au crédit. Il sera
« donc utile d'acquérir la certitude que l'Etat pourrait
« emprunter avantageusement en annuités. »

Entre l'émission de *bons de chemins de fer*, ayant
pour effet de dégager le trésor public des charges et
de la responsabilité que font peser sur lui les caisses
d'épargne, de rendre l'économie plus familière et ses
avantages plus sensibles à toutes les classes de la société, d'étendre encore les habitudes d'ordre, par tous
les moyens de bien-être, système simple, et la garantie
d'un *minimum d'intérêt*, système compliqué ayant pour
résultat de priver l'Etat de toutes les chances de gain,
de le rendre passible de tous les risques de perte, de le
placer à la suite et à la merci des compagnies, de l'o-
bliger de s'immiscer dans leur gestion, sans qu'il lui
soit possible de prévoir jamais l'étendue de ses obligations et de ses sacrifices, doit-on hésiter?

Dans le premier de ces deux systèmes, celui de la
création de *bons de chemins de fer*, voyez ce qui a lieu :

Supposez que 100 millions de travaux doivent être
exécutés en 1843 : l'Etat émet 100 millions de *bons de
chemins de fer;* en d'autres termes, il se fait ouvrir au
budget un crédit de 3,650,000 francs, ou de 4 millions,
s'il a jugé prudent d'assimiler ces bons aux *obligations
de la ville de Paris*. Au fur et à mesure que partie de
ces travaux est successivement livrée à la circulation
et donne des produits, le crédit imputable sur les exer-
cices suivants en est réduit d'autant, si bien qu'il serait
possible, dans ce système judicieusement appliqué, de
consacrer en dix années un milliard à l'exécution de

chemins de fer, sans imposer au budget d'autre charge que l'avance du payement de quelques millions d'arrérages.

Quoi de plus simple que cette opération?

Dans le second de ces deux systèmes, au contraire, celui de la *garantie d'un minimum d'intérêt*, il est impossible de prévoir ce qui se passera; le moindre de ces inconvénients, — ainsi que l'a fait observer M. le ministre des travaux publics, — est celui « d'établir « entre la compagnie garantie et le gouvernement ga- « rant, des rapports d'une difficulté extrême, rapports « pour le règlement desquels les meilleurs esprits, les « hommes de la plus haute expérience en fait d'ad- « ministration des finances, n'ont pas encore trouvé de « solution. »

Ce système, M. le ministre des travaux publics a achevé de le caractériser en ces termes : « Que si l'on « voulait, aux 555 lieues de chemins de fer que com- « prend le projet du gouvernement, et qui seraient li- « vrées à l'industrie privée pour leur complète exécu- « tion, attacher, comme une amorce pour les capi- « taux, la garantie d'un minimum d'intérêts, cela ne « pourrait être qu'à l'aide de compagnies qui se for- « meraient par actions, et, quoi qu'on en dise, par ac- « tions au porteur.

« Vous pouvez, par cette énonciation, calculer quelles « seraient les conséquences de l'émission soudaine ou « même successive de cette masse de valeurs pouvant « passer de la main à la main. Et puis-je vous demander « s'il serait possible de fonder un tel système sans ra-

« nimer tout à coup le fléau qui a amené parmi nous
« la plus déplorable crise financière, le fléau de l'agio-
« tage? »

Il n'en saurait être ainsi des *bons de chemins de fer*;
leur revenu, étant fixé et dégagé de toute éventualité,
il serait impossible, ainsi que nous l'avons péremptoirement démontré, que l'agiotage s'en emparât. Cette
valeur, par le poids de sa masse, échapperait à toute
fluctuation des cours. C'est de cette valeur surtout
qu'on pourrait dire avec raison ce que disait M. Muret
de Bort du papier sur Paris, dans la discussion du projet
de loi portant renouvellement du privilége de la Banque de France :

« Le papier sur Paris ne ressemble à aucun autre ;
« IL VAUT MIEUX QUE LA MONNAIE ; car c'est une monnaie
« qui, *lorsqu'elle est encaisse, rapporte des intérêts,* une
« monnaie qui, lorsqu'on a un payement à faire à
« distance, ne coûte aucuns frais de transport. »

Les deux systèmes ne sauraient donc être comparés.
Les *bons de chemins de fer* satisferaient à un besoin
public impérieux : celui d'une monnaie en billets portant intérêt, s'adressant à tous les petits capitaux flottants, et cependant immobiles, qui restent improductifs, tandis que les actions, même celles jouissant de
la garantie d'un minimum d'intérêt, ne seront jamais
que des actions, les caisses publiques fussent-elles au-
torisées, ainsi qu'on l'a proposé, à assimiler ces actions,
à titre de prêt, aux fonds publics français.

En résumé, l'émission des *bons de chemins de fer* à
l'intérêt de 3 fr. 65 c. par an, — un centime par jour,
— est une idée simple, puissante et populaire ; cela

3.

suffit pour expliquer comment le gouvernement l'a laissée à l'écart et a préféré se livrer au hasard et à la merci de compagnies encore en projet, qui couvriront la France d'actions innombrables, et qui ne se croiront liées par les engagements qu'elles auront contractés que si ces engagements les enrichissent!

III

OBJECTIONS ET RÉPONSE.

Objections de M. BARTHOLONY, président du Conseil du chemin de fer de Paris à Orléans.

« L'émission par le trésor de bons de chemins de fer *serait un moyen de se procurer des fonds à bon compte pour l'établissement des chemins de fer, tout en satisfaisant à un* BESOIN PUBLIC : *celui d'une monnaie en billets portant intérêt.* La combinaison indiquée de bons de 100 fr. au taux de 3 fr. 65 c. p. 100, soit d'un centime par jour, me paraît bonne et digne d'examen. *La difficulté,* qui n'est sans doute pas insurmontable, *serait de donner cours à ces bons comme à du numéraire, sans les rendre exigibles à toute heure.* Peut-être obvierait-on à tout en les faisant admettre comme argent dans les caisses de l'Etat, *et en les rendant exigibles au plus tard trois mois après la demande du remboursement.*

« Une fois le principe admis, il y aurait lieu de rechercher les meilleurs moyens d'application, et l'on ferait certainement une chose utile en accréditant en France cette *dette flottante d'une nouvelle espèce.* Elle répondrait à des besoins de circulation qui ne sont qu'incomplétement remplis par les établissements de crédit existants, et fournirait d'abondantes ressources aux travaux publics, en leur versant une foule de pe-

tites sommes encore enfouies dans les tirelires du peuple, malgré l'action puissante des caisses d'épargne. »

« ... J'ai lu dans la *Presse* un article fort important sur
les voies et moyens des chemins de fer. Vous y traitez
de main de maître cette grande question, que depuis
plusieurs années je me suis occupé de faire triompher :
à savoir que les dépenses de travaux publics, bien en-
tendus, sont des placements, et les meilleurs placements que l'Etat puisse faire, et qu'il ne faut pas s'ef-
frayer des sommes qu'ils exigent, quelque considérables que ces sommes paraissent, parce que le Trésor
récupère par mille sources diverses bien au delà de
ce qu'il paraît dépenser, sans parler de toutes autres
considérations qui recommandent les travaux publics
à une grande nation depuis longtemps en paix.

« Je me suis demandé souvent, comme vous, monsieur, si le crédit public, cet admirable instrument
créé à grands frais, ne doit servir que pour la guerre,
et lorsque son usage est le plus onéreux ? Ou bien s'il
n'est pas sage de s'en servir pour des travaux repro-
ductifs autant qu'utiles au pays, lorsque l'on en peut
faire usage, comme aujourd'hui, à des conditions ex-
cessivement avantageuses...

« Comme vous, monsieur, la réponse ne m'a jamais
paru douteuse, et je n'ai jamais cessé d'exprimer
l'opinion qu'il fallait recourir hardiment au crédit pour
les travaux publics, comme on le ferait sans hésitation
pour pourvoir aux besoins de la guerre.

« Ainsi, sur ce point, nous serons complétement
d'accord, et je m'en applaudis. Mais, en ce qui con-

cerne les voies et moyens, me permettrez-vous de
vous signaler la confusion que vous avez établie entre
le système de la garantie d'intérêt et celui des *bons de
chemins de fer*, dont, dans une récente brochure, je me
suis déclaré le partisan, ce qui indique tout d'abord
qu'à mes yeux, ces deux systèmes ne sont pas exclusifs
l'un de l'autre, car ma sympathie pour le premier ne
peut être mise en doute par personne.

« En effet, le système de *bons de chemin de fer* ne
peut être considéré que comme un moyen pour le Trésor de se procurer des capitaux en abondance et à bon
marché. Ce serait, en un mot, une branche nouvelle de
la dette flottante, qui satisferait en même temps à un
besoin de circulation, celui des billets ; besoin qui se
fait de plus en plus sentir, l'or n'étant pas du numéraire, mais une marchandise qui se vend à une prime
plus ou moins élevée.

« Comme moyen de faire face aux besoins du trésor
pour l'établissement des chemins de fer ; comme
moyen d'anticiper les ressources qu'on veut leur appliquer et de faire que les travaux soient pressés avec
autant d'activité et d'énergie que le fait l'industrie
privée ; comme moyen, enfin, que les travaux ne
soient jamais retardés par l'argent, ainsi que feu
M. Humann avait bien compris qu'il le fallait absolument (il me l'a répété peu de temps avant sa mort) :
l'émission des *bons de chemins de fer* me paraît une idée
digne du plus sérieux examen de la part du gouvernement.

« Mais je ne dissimule pas une grave objection dont
vous ne faites pas mention : ce serait un papier-

monnaie, et chacun sait quels souvenirs ce mot éveille.
Il faudrait nécessairement, pour accréditer ces bons,
qu'ils fussent échangeables à volonté en numéraire.
Or, bien que je sois convaincu qu'une fois répandus
dans la circulation pour un capital limité, — 300 ou
400 millions, je suppose, — ils s'accommoderaient si
bien aux convenances du public (car ce serait une
monnaie portant intérêt) que le Trésor ne serait, pour
ainsi dire, jamais appelé à des remboursements ; il
n'en faudrait pas moins prendre des précautions pour
les époques de discrédit, contre des demandes nombreuses et simultanées. Ce moyen serait d'attribuer
des échéances aux bons émis. Ainsi, les petits billets
jusqu'à 100 francs pourraient être payables à vue ;
ceux au-dessous de 1,000 francs à un mois de vue; et
ceux au-dessus à trois mois de vue.

« De cette manière, le Trésor ne pourrait jamais
être pris au dépourvu ; et d'ailleurs, je le répète, une
émission de 3 ou 400 millions de bons répandus dans
la circulation générale n'entraînerait, selon moi,
aucune chance d'embarras possible, et l'on trouverait
là un moyen simple de pourvoir aux nécessités du
Trésor pour la partie des chemins de fer laissée à sa
charge; nous sommes encore d'accord sur ce point.

« Quant au système de la garantie d'intérêt, permettez-moi de vous faire observer qu'il a un tout
autre objet. C'est le mode de subvention le plus puissant, le plus moral et le moins onéreux qu'on puisse
offrir à l'industrie privée. Je l'ai proposé et défendu
avec chaleur et une entière conviction, parce que j'ai
toujours pensé que l'industrie privée ne pourrait rien

de grand sans l'appui du crédit de l'État, et qu'avec lui, au contraire, elle pourrait rendre d'immenses services au pays. J'ai la satisfaction de voir cette opinion faire tous les jours de notables progrès, et je regrette que la *Presse* persiste dans une opposition que rien ne justifie.

« Vainement vous vous appuyez sur les paroles de M. le ministre des travaux publics pour combattre ce système. L'essai en a été fait, il a permis à la compagnie d'Orléans d'achever son œuvre, sans qu'il sortît un centime du trésor public ; et, quant à l'agiotage, comment peut-on invoquer ce mot à cette occasion, puisqu'il est constant que pendant dix-huit mois, après la promulgation de la loi, les actions d'Orléans sont restées stationnaires, les cours n'ont pas varié de 2 ou 3 0/0 pendant ce long espace de temps.

« Quant à la difficulté d'établir, entre la compagnie garantie et le gouvernement garant, des rapports pour lesquels les hommes les plus compétents n'ont pas encore trouvé de solution, permettez-moi de vous dire que ces difficultés n'existent que dans l'esprit de ceux qui ne veulent pas du système, parce qu'ils ne veulent pas des travaux publics par l'industrie privée ; elles disparaîtront complétement le jour où les esprits *de la plus haute expérience, en fait d'administration de finances,* auront renoncé à croire que les travaux publics doivent tous être exécutés par l'administration des ponts et chaussées ; car, dans ce système, tout a été prévu pour que l'action de l'État se bornât, dans son propre intérêt, à un simple contrôle, et rien n'est plus facile à exercer, toutes les administrations publiques en offrent la preuve.

« J'ose me flatter que vous voudrez bien accueillir ces réflexions, et je ne désespère pas de vous voir revenir à un système qui doit exercer une si heureuse influence sur la prospérité publique.

« Car vous aussi, monsieur, vous finirez par reconnaître que l'industrie privée, appuyée du crédit de l'État, pourra aider puissamment le gouvernement dans l'établissement de ses voies perfectionnées ; qu'elle exécute rapidement et économiquement les travaux, et qu'elle seule peut les exploiter convenablement.

« Et quant à cette opinion qu'on peut avoir des chemins de fer et des canaux en grand nombre et dans tous les sens *avec des tarifs très-bas*, et que c'est la raison pour laquelle il faut que l'État en soit propriétaire, vous reconnaîtrez que c'est là une double erreur. En effet, il n'y a aucune raison pour exagérer les avantages sans nombre des chemins de fer en abaissant encore, au détriment des contribuables, les prix de transport déjà inférieurs à tous les autres.

« En second lieu, il importe très-peu au public que les messageries qui le transportent, lui et ses marchandises, appartiennent au gouvernement ou à des particuliers. Ce qui lui importe, c'est d'être bien servi ; or chacun est d'accord que l'État y serait tout à fait inhabile.

« Il suffit d'avoir la moindre idée de l'exploitation d'un chemin de fer pour en être convaincu. D'où ma conclusion constante : Il faut concéder à l'industrie privée tout ce qu'elle peut entreprendre j'entends l'industrie sérieuse, celle qui exécute ses engagements), et lui donner tous les encouragements possibles, notamment la garantie d'intérêt, et celui de tous les encouragements le plus important et le moins coûteux, des maximum de tarifs suffisants. »

De la part d'un homme aussi éclairé que M. Bartholony, aussi familier que lui avec toutes les grandes questions de finances, les observations qui précèdent prouvent seulement qu'il n'a eu qu'une connaissance incomplète d'une idée qui lui paraît bonne et digne d'examen, mais dont il est évident qu'il ne s'est pas rendu suffisamment compte. S'il est vrai, ainsi que le reconnaît hautement M. Bartholony, *qu'une monnaie en billets soit un* BESOIN PUBLIC, la difficulté de donner cours à ces bons comme à du numéraire est une objection qui tombe d'elle-même et dont il n'y a pas lieu de se préoccuper. En aucun cas, disons-le, il ne doit être question d'en rendre le remboursement *exigible.* Si une pareille condition était nécessaire pour faire entrer dans la circulation les bons de chemins de fer dont nous avons proposé la création, il y faudrait renoncer sans hésiter ; c'est qu'alors l'idée en serait fausse et le besoin factice. Au lieu de délivrer le trésor public des dangers que lui fait courir le développement des caisses d'épargne, ce serait au contraire les aggraver ; ce serait faire rétrograder la science du crédit ; ce serait contredire toutes nos doctrines financières et aller à l'opposé de notre but. Nous ne saurions donc accepter pour l'idée que nous avons émise le nom de « *dette flottante d'une nouvelle espèce* » que lui donne M. Bartholony. Nous croyons nous être expliqué assez catégoriquement à ce sujet en disant : « L'idée d'émettre des *bons de chemins de fer* étant fa- « vorablement accueillie, viendrait la question de « savoir si l'on devrait les soumettre à un mode quel- « conque d'amortissement ou de remboursement. « Ce ne serait pas notre avis. Quand le gouvernement « voudra les retirer de la circulation, il le pourra tou- « jours, comme cela a lieu aujourd'hui pour les vieilles « pièces de monnaie qu'il fait refondre. Mais quel in- « convénient verrait-on à laisser subsister dans la « circulation des titres qui, si les chemins de fer pro- « duisaient en moyenne 4 0/0 d'intérêt du capital « employé, ne grèveraient aucunement le trésor pu- « blic et donneraient à tout le monde des moyens « d'épargne faciles et supérieurs assurément à tout ce « qui existe en ce genre? » Nous ne pouvons conce- voir l'émission des *bons de chemins de fer* autrement que comme une émission de rentes spéciales, ayant un nom, une forme plus populaire, se prêtant plus facilement aux besoins de la circulation que les autres titres de rentes, mais restant toujours soumises au principe fondamental de tout crédit public, au grand principe de la perpétuité. Toute la question se réduit donc à savoir comment le public, comment tous les gens qui gardent chez eux des sommes qui ne leur produisent absolument rien, accueilleraient des bons de 100 francs, à l'intérêt de 3 francs 65 centimes par an, — un centime par jour, — « *valant mieux que la* « *monnaie; car ce serait une monnaie qui, lorsqu'elle* « *serait en caisse, produirait des intérêts.* » Notre conviction profonde à cet égard est que l'émission de ces bons, subordonnée, comme elle le serait, au vote des chambres législatives et aux travaux exécutés, ne rencontrerait qu'une difficulté, celle de suffire au nombre des demandes. Au surplus, c'est un essai qu'il n'y aurait aucun danger, aucun inconvénient à faire. Si ces bons n'étaient pas accueillis avec faveur, l'État en serait quitte pour n'en pas émettre du tout ou pour n'en émettre qu'une petite quantité qu'il lui serait toujours facile de racheter au cours où il les aurait livrés ; cet essai pourrait donc être fait sans exposer le trésor et le crédit public à la plus légère atteinte. C'est une considération qui aurait peut-être mérité qu'on la pesât avant de s'aventurer imprudemment sur un océan d'actions créées avec ou sans garantie d'un minimum d'intérêt. L'expérience n'aura donc jamais de leçons pour nous !

Mais si l'on adopte le système des *bons de chemins de fer*, il faut que cette valeur ait son caractère particulier, qu'elle soit aussi distincte des *bons royaux* que les *obligations de la ville de Paris* diffèrent des inscriptions de rentes sur l'État ; or, il n'y a qu'un moyen d'arriver à ce résultat : c'est que les *bons de chemins de fer* ne fassent pas double emploi avec les *bons royaux ;* c'est que ceux-ci ayant une échéance, ceux-là n'en aient pas, ce qui rendrait tout simple que l'intérêt attaché aux premiers fût plus élevé que l'intérêt attaché aux seconds.

Pour que le discrédit que prévoit M. Bartholony atteignît les *bons de chemins de fer,* il faudrait que le payement des arrérages devînt douteux ; dans ce cas, à quel cours ne tomberait pas la rente, que deviendrait le système de la garantie d'un minimum d'intérêt, etc., etc. ? — Le cas de discrédit est donc une objection dont il n'y a pas lieu de se préoccuper ; elle ne comporte pas un examen sérieux, puisque si elle était admissible elle serait applicable à toutes les valeurs, sans exception, négociées avec la garantie de l'État.

La seule objection solide qui pourrait nous être faite est celle-ci : — Mais si vos *bons de chemins de fer* n'ont pas une échéance de remboursement, personne n'en voudra prendre. A cette objection nous faisons cette réponse : — Qu'on essaye. L'épreuve, encore une fois, sera sans aucun danger, sans aucun inconvénient ; si le public ne veut pas de bons, tout sera dit ; si le contraire a lieu, ce sera une belle conquête que la paix aura faite, ce sera une grande victoire que le crédit public aura remportée sur les désastreux souvenirs auxquels M. Bartholony fait allusion !

Une fois dans la circulation, il n'y aurait plus lieu pour l'État de s'occuper des *bons de chemins de fer* que pour en payer les arrérages ; le cours des rentes pourrait fléchir que la valeur de ces bons n'en resterait pas moins aussi invariable que celle de l'or et de l'argent. En serait-il de même des actions de chemins de fer avec la garantie d'un *minimum d'intérêt*, système dont M. Bartholony est le promoteur ?

Dans ce système, quand il y aurait un grand nombre d'actions émises, serait-il toujours facile de les vendre ? Les petites épargnes se porteraient-elles sur des actions de cinq cents francs ? Viendraient-elles constamment renouveler le nombre des actionnaires et soutenir ainsi le marché ? — Cela est douteux. Alors le discrédit ne serait-il pas à craindre et ne serait-ce pas surtout au système de M. Bartholony que s'appliquerait son objection ? N'a-t-on pas vu le papier d'actions tomber plus bas encore que le papier-monnaie ? Tout ce qu'on peut dire contre celui-ci est-il moins fondé contre celui-là ?

En ce qui touche le concours de l'industrie privée, que M. Bartholony nous accuse d'exclure, nous croyons lui avoir fait la part assez belle et assez large en lui réservant les lignes secondaires et les embranchements ; nous craindrions plutôt que la tâche ne fût encore au-dessus de ses forces, même les intérêts locaux aidant.

Nous n'insisterons pas sur les difficultés d'établir entre les compagnies garanties et l'État garant les rapports nécessaires ; ce ne sont que des difficultés qu'il doit être possible à une bonne organisation de résoudre.

Quant aux *tarifs très-bas* dont il est question dans la lettre de M. Bartholony, nous n'avons jamais dit qu'ils dussent être sans proportion avec les dépenses de construction et de traction des chemins de fer ; M. Bartholony nous impute donc là une erreur dont nous n'avons pas à nous défendre. Notre système, au contraire, a pour fondement l'hypothèse que l'État retirerait, *en moyenne*, des chemins de fer un intérêt égal à celui des bons qu'il aurait émis ; l'État, dans ce cas, aurait tout le bénéfice résultant de l'accroissement des recettes auquel donnerait lieu un plus grand mouvement industriel et commercial, et par suite une plus forte consommation. Ce serait assez pour qu'il pût opérer rapidement l'amortissement de sa dette, et, ce qui serait mieux encore, pour lui permettre de réduire considérablement l'impôt foncier, cette grande ressource de la guerre que la paix ne saurait trop ménager !

DE LA

DETTE PUBLIQUE EN FRANCE.

1840.

La réduction de la rente ne peut s'opérer que par une large reconstitution du crédit.

Il n'y a qu'un pas de la réduction à la suppression de l'amortissement.

M. Aguado.

DE LA

DETTE PUBLIQUE EN FRANCE.

Toute dette publique se compose légalement du capital nominal, quelles que soient d'ailleurs les sommes reçues, et de l'intérêt convenu. Ces deux termes, qui figurent dans tous les emprunts publics, impliquent en même temps pour l'État le droit et la faculté de se libérer ; s'il en était autrement et que l'intérêt dût être perpétuel, toute énonciation du capital serait évidemment superflue.

Il y a quatre manières d'exercer ce droit :

I. Par l'AMORTISSEMENT, ou rachat successif agissant avec la puissance de l'intérêt composé au moyen d'une dotation annuelle.

II. Par le REMBOURSEMENT, intégral ou partiel, du capital nominal.

III. Par la RÉDUCTION DE L'INTÉRÊT, avec option de remboursement au pair.

IV. Par la CONVERSION, ou compensation de la diminution d'intérêt par la probabilité d'un surcroît de capital.

Au nombre des moyens de libération, nous n'avons pas dû comprendre la réduction d'intérêt pure et simple, sans option de remboursement ou sans jouissance des avantages afférents à l'opération financière, nommée Conversion ; la banqueroute d'un cinquième, ou seulement d'un dixième d'intérêt n'est pas plus légitime en soi que la banqueroute des *deux tiers* du capital.

Le rentier est un prêteur ; l'État, qui est son débiteur, a la faculté de lui rembourser le capital nominal exprimé dans le contrat ; mais il n'a pas le droit de réduire arbitrairement l'intérêt qui a été stipulé dans l'origine du prêt.

Nous nous proposons d'examiner d'une manière élémentaire ces quatre modes de libération.

I. Amortissement.

L'amortissement imaginé, en 1685, par le pape Innocent XI, attribué au docteur Price, et adopté par Pitt, n'a pu se maintenir en vigueur plus de quarante années en Angleterre. Institué en 1786, il a été aboli en 1827. Il existe en France sous la forme actuelle depuis 1816 seulement.

Peu de personnes se font de l'amortissement, de son origine, de son action, de son but et de son résultat une idée précise, complète et lucide ; pour s'en former une opinion juste, il importe donc avant tout de se rendre un compte exact des circonstances diverses dans lesquelles il opère.

L'amortissement est une forme de remboursement successif, dont l'impôt fait annuellement les frais, et qui accumule, d'abord et principalement, des perceptions onéreuses, puis, et accessoirement, des intérêts composés.

Dans son expression la plus simple, et dégagée de tout artifice, l'amortissement est une assurance mutuelle formée entre l'emprunt et l'impôt.

L'exemple suivant le fera mieux comprendre qu'une abstraite définition :

Un État contracte un emprunt de 100 millions à 5 p. 0/0, c'est-à-dire à la condition de recevoir 100 millions de capital en échange d'un payement annuel de 5 millions de rente ; en même temps, il prend l'engagement de consacrer un pour cent à l'amortissement de sa dette. A cet effet, il prélève chaque année, pour se libérer, un million sur le total des impôts qu'il perçoit ; mais à ce compte, facile à faire, cent années seraient nécessaires à l'extinction de sa dette ainsi rachetée annuellement par centièmes : aussi ne se borne-t-il pas à cette opération, qui serait par trop simple. Afin de parvenir plus rapidement à sa libération, il demande à l'intérêt composé de l'aider de sa puissance ; conséquemment il emploie chaque million, que lui fournit l'impôt, à acheter de l'emprunt ; cet emprunt étant productif de 5 p. 0/0 d'intérêt, l'intérêt sert lui-même à d'autres rachats, si bien que 36 millions demandés à l'impôt en trente-six années et six mois, plus l'intérêt composé de ces 36 millions, suffisent pour le libérer des 100 millions qu'il avait empruntés.

Voilà comment s'exerce l'action de l'amortissement :

Une rente émise à 5 p. 0/0 d'intérêt se rachète au
pair en trente-six années et six mois, moyennant
1 p. 0/0 d'amortissement, en tout 6 p. 0/0.

Une rente émise à 4 p. 0/0 d'intérêt se rachète au
pair en quarante-un ans, moyennant 1 p. 0/0 d'amortissement, en tout 5 p. 0/0.

Une rente émise à 3 p. 0/0 d'intérêt se rachète au pair
en quarante-sept ans, moyennant 1 p. 0/0 d'amortissement, en tout 4 p. 0/0.

Si le taux moyen des rachats est inférieur au pair
nominal de la rente, il va sans dire, et presque sans
compter, que dans ce cas l'extinction de la dette s'ef-
fectuera plus rapidement, puisque avec le même capital
on acquerra une plus grande quantité de rentes.

Exemple :

Il a été émis au pair 5 millions de rentes 5 p. 0/0,
moyennant le versement de 100 millions de capital ;
des circonstances défavorables font baisser le cours de
100 à 75 fr. ; évidemment, dans ce cas, le fonds existant et la dotation annuelle de l'amortissement agiront
avec une puissance plus grande, puisque alors un million suffira pour acquérir 66,666 fr. au lieu de 50,000 fr.
de rentes. Dans ce cas, l'État qui aura emprunté béné-
ficiera d'une somme égale à celle qu'auront perdue les
détenteurs de rentes, achetées par eux au pair.

Mais c'est absolument le contraire qui arrivera, si
l'État a donné 5 millions de rentes pour 75 millions de
capital ; et si, par suite de l'action de l'amortissement,
le cours s'est élevé de 75 à 100 fr., alors il ne pourra

plus se libérer qu'au prix de 100 millions, c'est-à-dire qu'à la condition de payer 25 millions de plus qu'il n'aura reçu.

C'est, en des termes moins absolus, ce qui est arrivé en France. L'État, par suite du développement de la prospérité publique et par l'effet naturel de l'action de l'amortissement qui opère à jours fixes et par petites sommes fractionnaires, n'a cessé de racheter à un cours supérieur à leur prix d'émission les rentes qu'il avait créées. Les rentes inscrites au 1er janvier 1839, se divisaient dans les proportions suivantes :

	Nombre des parties.	Arrérages annuels.	Capital nominal.
Rentes 5 0/0	231,346	147,119,749 fr.	2,942,394,980 fr.
3 0/0	29,737	35,791,786	1,193,059,533
4 1/2 0/0	939	1,026,600	22,813,333
4 0/0	2,811	11,978,766	299,469,150
	264,833	195,916,901 fr.	4,457,736,996 (1).

Si donc il est établi que sur ces quatre milliards et demi l'État n'a reçu en moyenne que 73 fr. 80 au lieu de 100 fr. (2), il sera dès lors incontestable que les

(1) Les rentes inscrites au 1er janvier 1841 se classaient ainsi qu'il suit :

	Rentes.	Capital nominal.	Inscriptions.
Rentes 5 0/0	147,105,997 fr.	2,942,119,940 fr.	225,854
4 1/2 0/0	1,026,600 »	22,813,333 »	1,033
4 0/0	18,231,123 »	455,528,075 »	3,174
3 0/0	35,794,434 »	1,193,147,800 »	31,199
	202,158,154 fr.	4,613,609,148 fr.	261,260

(2) En 1794 la dette publique n'était que de 127,800,000 fr.; elle s'éleva bientôt à 174,800,000 fr.; mais la réduction des deux tiers la fit descendre à 41,717,637 fr., et elle prit alors le

spéculateurs et rentiers auront fait un bénéfice sur lui d'environ un milliard. Ainsi s'expliquent les grandes fortunes faites par les soumissionnaires d'emprunts ; ainsi s'explique, par une juste reconnaissance envers l'amortissement, l'attachement que tous les capitalistes lui ont voué, et l'ardeur avec lequel ils le défendent.

Lorsque l'État emprunte en même temps qu'il amortit, il vend ses rentes en gros pour les acheter en dé-

nom de *consolidée*. Le 1er avril 1814, elle se trouvait portée à 63,307,637 fr.

En 1816, le gouvernement, appuyé sur l'institution de la caisse d'amortissement, entreprit la première négociation de rentes 5 p. 0/0, qui fut traitée au taux de 58 fr. 35 c. Une seconde vente de 30 millions eut lieu en 1817 et 1818 à des taux différents, mais au prix moyen de 57 fr. 51 c. Depuis cette époque, les nouveaux emprunts furent successivement contractés à des prix plus élevés, savoir, à 66 fr. 50 c. avec un très-grand nombre de souscripteurs, à 67 fr. avec MM. Hope et Baring, à 87 fr. 07 c. au mois de juin 1821. Après ces cinq premières épreuves, les emprunts furent adjugés avec publicité et concurrence ; ainsi, dans l'espace de huit années, près de 100 millions de rentes 5 p. 0/0 furent vendus au prix moyen de 71 fr. 16 c., et, dans l'intervalle des années qui s'écoulèrent de 1814 à 1823, le cours des effets publics fut ramené par une gradation rapide et constante du taux de 50 fr. à celui de 89 fr. 55 c. Alors on commença à parler d'une prochaine réduction de l'intérêt des 5 p. 0/0. Une loi, après avoir éprouvé plusieurs vicissitudes, statua que la conversion en 4 1/2 au pair ou en 3 p. 0/0 à 75 était purement facultative, et n'imposait pas la condition forcée du remboursement. Par cette loi, la rente 4 1/2 a été garantie contre tout remboursement pendant le cours de dix années à partir du 22 septembre 1825. Un petit nombre de rentiers se déterminèrent en faveur du 4 1/2, qui offrait un abri temporaire contre le remboursement. En 1830, les trois natures de rentes parvinrent aux cours de 110, de 107 et de 85, et un emprunt à 4 p. 0/0 fut adjugé à la maison Rothschild et compagnie au prix de 102 fr. 7 c. 1/2.

tail ; il fait précisément le contraire de ce que fait le commerce , le contraire d'une opération profitable et sensée.

De ce qui précède, il résulte rigoureusement que toutes les fois qu'un État est contraint d'affecter un amortissement à une rente émise à un cours inférieur à son taux nominal, l'opération que, dans ce cas, il subit n'est pas autre qu'une prime qu'il paye à la spéculation, déguisée sous la forme et le faux nom d'amortissement.

Parfois la rigueur des circonstances peut le vouloir ainsi, dans la prévision d'un avenir meilleur ; mais dès que ce temps est arrivé, que peut avoir un État de plus pressé que de s'affranchir de l'amortissement ?

L'obligation lui en est imposée :

D'abord par les ménagements qu'il doit aux contribuables ; car lorsque l'État emprunte, si ce sont les spéculateurs qui prêtent, ce sont les contribuables qui payent ;

Ensuite, par le respect de son propre crédit et la nécessité de rétablir dans sa vérité rigoureuse le taux de l'intérêt, évidemment altéré par l'action de l'amortissement tel qu'il opère ; car ce ne sont pas des économies qu'il fait et qu'il accumule, mais des impôts qu'il perçoit et qu'il agglomère ;

Enfin et principalement, par la prospérité publique dont le développement veut qu'un État tende toujours à réduire l'intérêt de sa dette, mais qui s'oppose, lorsque cette dette est perpétuelle, à ce qu'il en amortisse le capital. L'État qui sert une rente de 300 millions de francs pour l'intérêt d'un capital de 10 milliards, qu'il a emprunté à 3 p. 0/0, est incontestablement dans une voie de crédit meilleure que celui qui paye également une rente de 300 millions de francs pour l'intérêt à 5 p. 0/0 d'un capital de 6 milliards seulement.

La vérité de cette affirmation ressort de la comparaison des dettes publiques de l'Angleterre et de la France : la première s'élevant à 18 milliards, la seconde à 4 milliards 1/2, le 3 p. 0/0 anglais étant à 91, soit à 3 1/4 p. 0/0 ; le 3 p. 0/0 français à 81 fr., soit à 3 3/4 p. 0/0. La démonstration devient plus péremptoire encore par l'état comparé de l'industrie agricole et manufacturière dans ces deux pays.

Le capital que doit un État, à titre de dette perpétuelle, est une source de richesse publique ; la circulation du numéraire lui doit sa rapidité, l'industrie lui doit ses progrès ; le pays lui doit ses routes, ses canaux, et le perfectionnement des services publics.

De même qu'il est vrai de dire que les maisons de banque les plus florissantes sont celles qui peuvent emprunter les sommes les plus considérables, en payant l'intérêt le plus faible, de même il est exact d'avancer que les États qui ont le moins de crédit sont ceux qui doivent le moins, et que ceux où l'intérêt de l'argent est le plus faible sont ceux où la dette publique est la plus considérable.

Cela s'explique ainsi :

Toute émission de rentes dont l'intérêt est religieusement payé, équivaut à un accroissement de numéraire, qui augmente d'autant le capital social en circulation.

Lorsque, par exemple, un État émet 40 millions de

rente à 4 p. 0/0, en réalité que fait-il? — Il crée un milliard de capital qui lui sert à commanditer le travail public et l'intelligence nationale ; or, il faudrait que l'un et l'autre fussent bien stériles pour que réunis ils ne tirassent pas de cette commandite un excédant de recettes supérieur au surcroît annuel de 40 millions d'impôt.

Répétons-le donc, la véritable charge pour un État est la rente qu'il doit aux prêteurs ; le capital de cette dette n'est que l'expression de son crédit ; conséquemment l'État dont le crédit est le mieux assis est celui qui, relativement, doit le capital le plus fort et paye l'intérêt le plus faible.

Nous ne contestons pas la nécessité, l'utilité même de l'amortissement dans le passé : à l'époque où la spéculation l'imposa au crédit français, il a pu avoir une certaine valeur d'organisation ; ce que nous contestons, c'est sa nécessité et son utilité, dans le présent ; il est maintenant préjudiciable aux contribuables sans être utile aux rentiers.

Il grève le budget de l'État d'un impôt annuel de 44 millions, lorsque son abolition et l'annulation des rentes rachetées pourraient lui procurer une économie annuelle de 76 millions.

Trois autres reproches graves peuvent encore lui être adressés :

Le premier, d'être, par le fractionnement de ses opérations journalières, à la fois impuissant dans les moments de crise et de débâcle générales, et onéreux dans les temps de confiance et de prospérité publiques ;

Le second, d'avoir été plus d'une fois un moyen d'action au service de spéculateurs privilégiés;

Le troisième, enfin, de fausser le cours de la rente 3 p. 0/0 sur lequel il exerce exclusivement son action, sous le prétexte que les rentes 5, 4 12 et 4 p. 0/0 ont dépassé le pair, tandis que le 3 p. 0/0 ne l'aurait pas nominalement atteint, d'où il suit que 1000 fr. de rente 3 p. 0/0 au cours de 81 fr. coûtent à racheter à l'État 27,000 fr., tandis que 1000 fr. de rente 5 p. 0/0, au cours de 112 fr., ne lui coûteraient que 22,400 fr.; ce fait seul porterait avec lui la condamnation sans appel de l'amortissement au tribunal infaillible de l'arithmétique, lorsqu'il ne s'y joindrait pas la haute et souveraine considération que nous avons fait valoir en faveur du capital des dettes perpétuelles.

Il est faux de dire qu'en élevant le prix de la rente par ses rachats, l'amortissement fait baisser le taux de l'intérêt sur toutes les transactions du pays, et favorise ainsi la production; l'amortissement, nous le répétons une dernière fois, n'est qu'un artifice de bourse et qu'un détournement de l'impôt.

S'il est vrai que l'État représentant la solvabilité de tous les contribuables, peut emprunter à des conditions plus favorables que les particuliers, et que lorsqu'il emprunte, il n'est que le commanditaire social du travail public, il en faut nécessairement conclure, contrairement à l'opinion reçue, que le pays qui amortit le capital de sa dette, au lieu d'en réduire l'intérêt, ce qu'il devrait se borner à faire, loin de s'enrichir, s'appauvrit.

Aussi l'amortissement, en Angleterre, depuis 1827,

ne s'entend-il plus que des rachats de rentes qu'il y a
lieu d'opérer en y affectant l'excédant des recettes sur
les dépenses annuelles. Restreint même dans ces bor-
nes étroites, nous pensons encore qu'un État a toujours
mieux à faire que d'amortir le capital de sa dette, c'est
de l'employer à l'amélioration constante des voies de
communication, au perfectionnement des services publics, enfin au progrès de son agriculture et de son industrie.

Notre conclusion est donc celle-ci : — Abolition de
l'amortissement ; toutefois, s'il nous était possible d'admettre l'opinion contraire, au moins voudrions-nous
d'abord que le principe de l'amortissement fût absolu
et s'étendît également à tous les fonds 5, 4 1/2, 4 et 3
p. 0/0 au-dessus comme au-dessous du pair ; ensuite,
qu'au lieu d'opérer par rachat journalier de 250,000 fr.,
l'amortissement, comme cela avait lieu en Angleterre,
réservât toute la puissance de son action pour n'opérer
que dans des circonstances données, le plus utilement et
le plus avantageusement possible, dans le double intérêt du crédit public et du crédit privé.

L'amortissement est régi en France par les lois des
28 avril 1816, 25 mars 1817, 1er mai 1825, 19 juin
1828, 25 mars 1831, 20 avril 1832, 10 et 28 juin 1833,
17 août 1835 et 17 mai 1837.

L'article 104 de la loi du 28 avril 1816 attribuait
exclusivement et immuablement le revenu des postes
à la caisse d'amortissement.

L'article 105 de la même loi stipulait que dans aucun
cas, ni sous aucun prétexte, il ne pourrait être porté
atteinte à la dotation de cette caisse.

L'article 159 de la loi du 25 mars 1817 affectait, jusqu'à concurrence de la somme de quarante millions, au service de la caisse d'amortissement, les produits nets de l'enregistrement, du timbre et des domaines, ceux des administrations des postes et de la loterie.

L'article 143 de la même loi affectait à titre de dotation de la caisse d'amortissement tous les bois de l'État, à l'exception de la quantité nécessaire pour former un revenu net de 4 millions, applicable à la dotation des établissements ecclésiastiques.

L'article 3 de la loi du 1er mai 1825 déclare que les fonds affectés à la caisse d'amortissement ne pourront plus être employés au rachat des fonds publics dont le *cours serait supérieur au pair*.

L'article 3 de la loi du 19 juin 1828, portant création de 4 millions de rente, augmente de 800,000 fr. la somme annuelle de 40 millions, fixée par la loi du 25 mars 1817.

L'article 2 de la loi du 25 mars 1831, portant qu'il sera émis 200 millions d'obligations abroge la disposition de la loi de finances du 25 mars 1827, qui avait réservé sur les bois de l'État la quantité nécessaire pour former un revenu net de 4 millions, destiné à doter les établissemens ecclésiastiques.

L'article 3 de la même loi autorise le ministère à aliéner successivement, à partir de 1831, des bois de l'État, jusqu'à concurrence de 4 millions de revenu net.

L'article 2 de la loi du 20 avril 1832, portant qu'il sera vendu la somme de rente nécessaire pour produire un capital de 150 millions, accroît la dotation de la caisse d'amortissement d'une somme égale au centième du capital nominal de ces rentes; ce qui élève la dotation de la caisse d'amortissement à la somme de 44,616,463 fr.

Savoir :

Loi du 25 mars 1817.	40,000,000	
— 19 juin 1828.	1,666,050	
— 25 mars 1831.	1,428,571	44,616,463 fr.
— 20 avril 1832.	1,521,842	

L'article 1er de la loi du 10 juin 1833 répartit la dotation de la caisse d'amortissement et les rentes rachetées, au marc le franc et proportionnellement au capital nominal de chaque espèce de dette, entre les rentes cinq, quatre et demi, quatre et trois pour cent; il déclare que les divers fonds d'amortissement continueront d'être employés au rachat des rentes dont le cours ne sera pas supérieur au pair; il détermine que *le pair se compose du capital nominal, augmenté des arrérages échus du semestre courant.*

L'article 3 interdit de disposer d'aucune partie des rentes rachetées autrement que par une loi spéciale.

L'article 4 est ainsi conçu : « Le fonds d'amortissement appartenant à des rentes dont le *cours serait supérieur au pair* sera mis *en réserve* (1). A cet effet, la

(1) Les fonds sont appliqués au besoin de l'État et prennent dans la dette flottante la place d'autres valeurs; les bons royaux sont délivrés à l'amortissement, et c'est, par conséquent, de créances sur le trésor que la réserve est composée. Le jour où il y a lieu d'en faire usage, il faut que le trésor rembourse ses bons; pour cela, il faut qu'il emprunte; car il ne peut pas conserver les fonds de l'amortissement improductifs de ses caisses. Une pareille stagnation serait ruineuse pour le trésor et porterait à la circulation un coup funeste.

Ainsi donc, quand il s'agira de procéder au remboursement ou portion, tant de la dotation que des rentes amorties, applicable au rachat de ces rentes, laquelle est payable chaque jour par le trésor public, sera acquittée à la caisse d'amortissement en un bon du trésor portant intérêt à raison de 3 p. 0/0 par an jusqu'à l'époque du remboursement. »

L'article 5 dit que : « dans le cas où le cours des rentes reviendrait au pair ou au-dessous du pair, les bons délivrés par le trésor deviendront exigibles et seront remboursés à la caisse d'amortissement, successivement et jour par jour, avec les intérêts courus jusqu'au remboursement, en commençant par le bon le plus anciennement souscrit. Les sommes ainsi remboursées seront employées au rachat des rentes auxquelles appartiendra la réserve, tant que leur prix ne s'élèvera pas de nouveau au-dessus du pair. »

L'article 1er de la loi du 28 juin 1833 annulle une somme de 27 millions de rentes 5 p. 0/0 qui avaient été rachetées par la caisse d'amortissement. Ce qui porte à 48,020,094 fr. le total des rentes annulées, savoir :

En vertu de la loi du	1er mai 1825,	16,020,094	
— —	27 juin 1833,	5,000,000	48,020,094
— —	28 juin »	27,000,000	

Les articles 1 et 2 de la loi du 17 mai 1837 affectent les fonds de la réserve d'amortissement à la dotation d'un budget extraordinaire des travaux publics, ce qui a fait dire avec raison à M. le comte Roy, dans son rap-

à la conversion des rentes, il faudra de toute nécessité se servir du crédit, soit par des combinaisons de dette flottante, soit par des emprunts.   (DUCHATEL.)

port du 8 juin 1838, que « *la législation de l'amortissement n'existe plus.* »

La caisse d'amortissement, instituée par la loi du 28 avril 1816, est administrée par une commission qui, pendant la durée des sessions législatives, rend compte au commencement de chaque trimestre des opérations du trimestre précédent.

Sa propriété se compose :

1° De sa dotation annuelle s'élevant depuis 1833 à 44,616,463 fr., affectée exclusivement au rachat de la dette ; affectation confirmée par la loi de 1825 qui soumet la rente au pair à l'action de l'amortissement.

2° Des rentes *rachetées* s'élevant au 1er octobre 1839 à 29,407,938 francs qui *peuvent* être *annulées,* soit pour diminuer l'impôt lorsque la nécessité en est reconnue ; soit pour épargner aux contribuables la surcharge que leur occasionnerait l'intérêt d'un nouvel emprunt qui deviendrait nécessaire pour subvenir à des dépenses *extraordinaires* et *momentanées,* créées *par une force majeure.*

Les rentes *rachetées* sont celles que la caisse d'amortissement fait acheter à la Bourse avec les fonds provenant de sa dotation annuelle, et des intérêts des rentes qu'elle possède.

Les rentes *annulées* sont celles de ces rentes rachetées dont la radiation du grand-livre de la dette publique a été ordonnée par une loi ; ce qui dispense alors l'État d'en servir les arrérages, et équivaut à une réduction du budget des dépenses. Du 1er mai 1825 au 28 juin 1833, 48,020,094 fr. de rentes (1), qui avaient été *rachetées* par la caisse d'amortissement ont été *annulées*.

Au 1er janvier 1841, la caisse d'amortissement était propriétaire de 36,685,899 francs de rentes. Si ces rentes étaient annulées par une loi, le budget des dépenses se trouverait encore réduit d'autant, sans pour cela affaiblir sensiblement la puissance de l'amortissement, puisqu'au cours actuel du 5, du 4 1/2 et du 4 0/0, la caisse d'amortissement ne peut opérer de rachat que sur le 3 0/0, le seul de nos fonds qui ne soit pas au-dessus du pair, et que sa dotation annuelle est plus que suffisante pour opérer les rachats de cette nature de rente, pour laquelle une somme de 21,835,908 fr. lui est affectée dans le capital de 81,302,362 fr., formant la puissance de l'amortissement au 1er janvier 1841 et représentant sa dotation et les rentes qu'il possède.

La *réserve de l'amortissement* se compose de la portion de la dotation annuelle qui, en raison de l'élévation des cours, ne peut être employée en rachat de rente. Ainsi le 5 0/0 étant à 112 francs, et la caisse d'amortissement ne pouvant racheter de rente qu'à 100 francs et au-dessous, elle appelle *réserve* la somme qu'elle ne peut employer.

Contre la suppression de l'amortissement, on objecte que ce serait une atteinte portée au crédit de l'État, une modification introduite dans les conditions primitives de l'emprunt: mais à cette objection on répond

(1) Ces rentes se divisent ainsi :

Rentes 5 0/0	32,000,000 fr.
— 4 1/2 0/0	7,068
— 4 0/0	9,740
— 3 0/0	16,003,286

} 48,020,094

que rien ne serait plus facile dans ce cas que de donner l'alternative aux rentiers entre la suppression de l'amortissement et le remboursement au pair. Certes, aucun n'hésiterait. Il est d'ailleurs fort douteux que la suppression de l'amortissement causât une dépréciation sensible ou prolongée dans les cours ; — il serait probable, au contraire, que le cours de la rente 5 p. 0/0 en éprouverait de la hausse, car on y verrait pour longtemps l'ajournement des projets de conversion ou de remboursement.

La suppression de l'amortissement aurait donc financièrement peu d'inconvénients ; elle aurait politiquement de grands avantages ; elle permettrait de réduire de 15 p. 0/0, au moins, les contributions qui écrasent la propriété immobilière et qui s'élèvent en réalité à 450 millions.

Il ne faut pas perdre de vue que c'est surtout dans les communes rurales, où l'instruction est encore peu répandue, où le bien-être n'a pas encore pénétré, que l'impôt est plus sensible et excite le plus de murmures ; dans les campagnes, on ne connaît guère la Charte que de nom, on y rapporte encore tout au roi ; et bien qu'il soit constitutionnellement irresponsable, on l'y rend moralement responsable du bien ou du mal, sans se préoccuper autrement des principes. Dans l'esprit des dix-neuf vingtièmes des contribuables au moins, le roi et le gouvernement ne font qu'un, et leur façon de juger est fort simple ; la voici : — Le gouvernement est mauvais, si les contributions sont plus élevées que sous le précédent règne ; il est meilleur si elles sont plus faibles.

Pour une dynastie nouvelle, pour un gouvernement issu d'une révolution populaire, il importe donc infiniment que la contribution directe soit plus faible que sous tout autre régime précédent. Cette considération politique n'est pas la seule qui milite en faveur d'une réduction de l'impôt direct ; elle n'est pas moins désirable dans l'intérêt du développement de la richesse publique ; si pendant la paix on néglige de dégréver la propriété foncière, quelles ressources nouvelles offrira-t-elle dans le cas où une guerre sérieuse et longue éclaterait ? C'est ce à quoi, il nous semble, on ne songe pas assez.

Plus on ménagera en temps de paix la propriété foncière, plus elle pourra fournir abondamment et sans tarir aux nécessités de la guerre. Dégréver prudemment alors la propriété, c'est donc faire trois choses utiles : c'est donner de la popularité et de la force au gouvernement, c'est faciliter l'essor de la prospérité publique, c'est se mettre en mesure de traverser, le cas échéant, des circonstances difficiles.

Nous terminerons ce rapide exposé par cette réflexion qui nous servira de transition naturelle entre l'amortissement et le remboursement : qui dit amortissement ne dit pas seulement rachat, mais encore implicitement remboursement ; car, si après une certaine quantité de rentes rachetées, aucun détenteur de rentes ne voulait plus vendre, évidemment l'amortissement ne serait plus qu'un mode de libération impuissant et illusoire, et dans ce cas, si l'État voulait absolument éteindre sa dette, le seul moyen qu'il aurait de le faire, serait de la rembourser.

II. Remboursement. — III. Réduction de l'intérêt. — IV. Conversion.

Remboursement, réduction de l'intérêt et conversion des rentes, sont des expressions corrélatives et qui conservent aussi leurs rapports dans la pratique. Pour rembourser purement et simplement, il faudrait qu'un État, chargé d'une dette considérable, se trouvât tout à coup dans une position exceptionnelle. Il faudrait que la conquête lui eût donné des ressources extraordinaires, ou que la vente de propriétés domaniales lui eût fourni des sommes équivalentes à sa dette. Mais ces deux cas doivent être mis tout à fait hors de compte : nul État n'a encore remboursé sa dette dans un bref délai, sans avoir eu recours à de nouvelles combinaisons financières. On peut à la rigueur rembourser une minime portion de la dette publique au moyen d'économies ou de fonds momentanément disponibles; mais on ne soumet pas la totalité des créances de l'État à un semblable régime. Aussi, un gouvernement qui veut alléger sa dette, ne compte-t-il que faiblement sur le remboursement; il suppose que le rentier acceptera de préférence la réduction de l'intérêt. Cette réduction de l'intérêt peut s'opérer par deux voies différentes : soit en abaissant la rente payée par l'État, dans une proportion donnée : d'un dixième, d'un cinquième, d'un quart; soit en combinant la réduction d'intérêt avec l'augmentation du capital ; ce qui s'appelle Conversion. D'après ce dernier mode, qui est à peu près exclusivement employé, la réduction de la rente est naturellement plus forte.

Le remboursement se propose le même but que l'amortissement : la réduction de la dette, mais par une tout autre voie. L'amortissement a pour principe la réduction de la dette par le rachat partiel et volontaire du capital ; le remboursement a pour principe, au contraire, la réduction de la dette par l'abaissement de l'intérêt, en offrant aux rentiers, toutes les fois que cet abaissement a lieu pour les capitaux particuliers, l'option entre la réduction de l'intérêt ou la restitution du capital.

Comme l'État paye un intérêt fixe, il ne participe pas aux avantages qui résultent de la baisse de l'intérêt civil et commercial. Cependant cette baisse se fait sentir également dans la dette publique ; seulement au lieu de profiter au trésor, elle se traduit en bénéfice pour le porteur de rentes en ce qu'elle fait monter son capital. Mais dès que le gouvernement voit que l'intérêt civil est tombé, il songe à profiter de cette circonstance pour alléger le fardeau des contribuables. Comme on ne peut pas réduire arbitrairement l'intérêt d'une créance, l'offre du remboursement du capital doit donc toujours accompagner la mesure de la réduction de l'intérêt, afin que le créancier puisse opter. Pour rembourser, il faut des sommes disponibles. Le trésor, n'ayant point en général de réserve, est obligé de recourir à une opération financière, de s'adresser à de nouveaux prêteurs, afin de profiter de la baisse du prix des capitaux.

Toutefois cette opération ne doit être exécutée qu'avec précaution pour qu'une demande inattendue de capitaux ne les fasse pas renchérir. Bien combinée et bien exécutée, la mesure a pour résultat de procurer des économies ; la masse des intérêts se trouve réduite, et on peut arriver par une succession de semblables opérations, sinon à l'extinction totale de la dette, du moins à une réduction du quart, du tiers, de la moitié de l'intérêt, selon l'état plus ou moins grand de prospérité dans lequel se trouvera le pays.

Quant au droit de remboursement lui-même, tout a été dit pour ou contre ce droit.

Il nous paraît doublement établi et par des précédents concluants et par des arguments sans réplique.

Sully tenta, en 1607, de rembourser les rentes constituées au denier 12 ; malgré de nombreux obstacles, ce remboursement fut effectué en partie, et le droit ne fut pas contesté. Colbert réduisit de plus d'un cinquième les intérêts de la dette publique, en remboursant de 1680 à 1682, avec des fonds obtenus presque en totalité au denier 20 des rentes constituées aux deniers 14, 15 et 16. Dans les provinces, le droit de remboursement était admis sans conteste, et on le proposait aux états comme la chose du monde la plus simple.

Un précédent moins éloigné est celui de la conversion de 1825 opérée par M. de Villèle. Sur 140 millions de rentes 5 p. 0/0 déclarées réductibles, 30,574,116 fr. passèrent dans la rente 3 p. 0/0, et 1,149,840 fr. dans le 4 1/2 p. 0/0, ce qui procura une économie annuelle de 6,230,157 fr. Les rentiers qui avaient accepté la conversion reçurent alors la promesse qu'aucune nouvelle réduction ne se ferait avant dix ans ; ils reconnurent ainsi le principe, et les autres étaient bien avertis qu'on reviendrait sur cette mesure.

En Angleterre, où le respect pour les intérêts privés est tout au moins aussi grand que chez nous, et où la classe des rentiers est bien plus nombreuse qu'en France, des réductions successives sont venues alléger le fardeau des contribuables. La première opération remonte à 1716. Le gouvernement anglais empruntait alors à 6 p. 0/0. Un crédit législatif de 1,365,000 fr. avait été accordé à ce taux pour l'intérêt d'un emprunt de 22,750,000 fr.; mais, dans la même session, un nouvel acte du parlement réduisit la somme à 1,137,500 fr.; ce qui ramenait la rente à 5 p. 0/0. Dans la même année, les réductions consenties sur les intérêts de la dette flottante et les intérêts de la dette rachetable, procurèrent une économie de 8 millions de francs. Cette conversion fut suivie d'une autre en 1729, et d'une troisième, effectuée de 1750 à 1757. L'Angleterre a obtenu par ces trois opérations une épargne annuelle de 31,675,000 fr. A une époque plus rapprochée, les réductions faites en Angleterre donnent encore de plus grandes économies. La conversion des rentes 5 p. 0/0, provenant de la constitution des bons de la marine, réduits à 4 0/0, a donné une diminution de 39 millions dans les intérêts avec une augmentation de 187 millions. L'opération portait sur 3,810,560,000 fr., dont 70 millions environ ont été remboursés. En 1830, on a converti des rentes 4 p. 0/0 en 3 1/2. Le capital était à peu près le même que celui de 1822. L'économie annuelle se monte à 19 millions, et le capital a subi une réduction de plus de 5 millions. Deux autres réductions faites en 1826 et en 1834 ont donné, sans augmentation de capital, une économie annuelle de 10 millions.

On a objecté que la dette anglaise ne reposait pas sur les mêmes bases que la nôtre, et qu'elle avait été différemment fondée : c'est une erreur. Avant 1793, on obtenait dans les emprunts en général une somme égale à celle que portait l'obligation, en payant un intérêt un peu plus élevé que l'intérêt ordinaire, ou en donnant quelques bonifications aux rentiers. Pitt changea ce mode; il emprunta au capital nominal en recevant les soumissions des contractants ; c'est ainsi que tous les emprunts français ont été faits depuis 1815, à l'exception d'un seul. Les rentes anglaises, créées de cette manière, sont à la vérité presque toutes constituées à 3 0/0 ; cependant quelques-unes sont à 5, et entre autres celles appelées *nouveaux cinq pour cent* et créées en 1834.

Les dettes publiques ne se contractent pas absolument sous l'empire des mêmes circonstances et aux mêmes conditions que celles des particuliers. Le principal terme du contrat, c'est-à-dire la fixation de l'intérêt, repose cependant sur des règles identiques, et cet intérêt est toujours proportionné aux risques que court le prêteur, et ordinairement aussi à l'abondance ou à la rareté des capitaux. Si les particuliers consentent à confier, dans des circonstances critiques et difficiles, leurs fonds à l'État, celui-ci en revanche leur donne une indemnité proportionnée aux dangers auxquels ils s'exposent. Il y a parité complète des deux côtés : le prêteur ne fait point de grâce à l'emprunteur, et celui-ci n'accorde aucune faveur au premier. À moins d'une stipulation explicite, le rentier ne peut prétendre à aucun bénéfice ultérieur. Pour régler l'intérêt, il

faut naturellement un second terme, c'est le capital ;
les deux nombres sont dans une dépendance mutuelle,
l'un sans l'autre serait une pure fiction. Dans le siècle
passé, les emprunts publics se faisaient toujours au capital réel; c'est-à-dire que pour une obligation de
100 liv., l'emprunteur recevait réellement cette somme ;
seulement, lorsque la dette se contractait dans des moments difficiles, l'intérêt était plus élevé ; il était en
rapport avec les dangers que courait le créancier ; mais
toujours est-il qu'on empruntait et qu'on recevait
100 liv., ni plus ni moins. De nos jours les emprunts
publics se font au capital nominal : on choisit pour
point de départ un intérêt courant tel qu'il se paye entre particuliers, où les risques de perte sont à peu près
nuls. L'État, qui n'offre pas la même sécurité, et qui
néanmoins veut assimiler le taux de l'intérêt de sa dette
à celui des particuliers, présente alors aux prêteurs une
autre compensation pour les dangers auxquels ils
s'exposent. Il consent à ne pas recevoir intégralement
le capital pour lequel il s'est engagé, et cette différence
entre le versement effectif et le taux nominal couvre
les risques du créancier que l'intérêt courant ne ga-
rantissait pas suffisamment. L'État s'oblige pour
100 francs, et il en convient explicitement. Ainsi, lorsqu'il émet des rentes 5 0/0, il donne 5 fr. de rente et
ne reçoit, comme dans l'emprunt de 1831, que 84 fr.,
il contracte envers son créancier une dette de 100 fr.
S'il n'en était pas ainsi, la stipulation d'un capital n'aurait aucun sens et serait bien inutile ; on dirait simplement une rente de 5 fr. et non 5 0/0 de rente avec
indication du capital.

Si maintenant, par un concours de circonstances, le capital pour lequel l'État s'était engagé se trouve dépassé, par exemple, si au lieu de payer l'intérêt de 100 francs il paye l'intérêt de 112 francs, il est certain que la parité qui existait entre la situation des contractants se trouve détruite : l'État se trouve débiteur d'une somme plus forte que celle pour laquelle il s'est originairement engagé. Les conditions qui d'abord n'étaient qu'équitables deviennent onéreuses pour l'État ; rien ne l'oblige à supporter cette nouvelle charge ; il peut dès lors s'en affranchir sans sortir des termes du traité. Cette nouvelle position est le résultat de la plus grande sécurité du créancier ; la prime qu'on lui paye sous forme d'un gros intérêt est devenue inutile, et l'État cherche à rétablir l'équilibre entre lui et le rentier ; il lui offre le remboursement de la somme pour laquelle il s'était engagé. C'est là son droit incontestable qui ressort des stipulations mêmes du contrat, et pour lequel il n'est pas nécessaire d'invoquer les lois civiles.

Les adversaires du remboursement prétendent que pour le rendre impossible, il suffirait aux rentiers de l'accepter, puisque pour l'effectuer intégralement, il faudrait que l'État pût disposer d'un capital égal à celui qu'il aurait à rembourser ; que ne l'ayant pas disponible, le remboursement dès lors n'est pas une mesure sérieuse, mais une mesure déloyale. A cela le gouvernement peut aussi répondre en demandant aux détenteurs de la rente 5 0/0, ce qu'ils feraient de leurs deux milliards huit cents millions, s'ils leur étaient rendus? Ainsi, des deux parts, même embarras: de la part du gouvernement, difficulté de se procurer deux milliards huit cents millions ; et de là [part des rentiers, difficulté de trouver à leurs fonds un autre placement. Aussi les rentiers n'ont-ils jamais hésité entre le remboursement et une réduction d'intérêt.

Sérieusement, c'est tout au plus si, placés dans l'alternative du remboursement du capital ou d'une réduction d'intérêt, un vingtième des détenteurs de rentes donnerait la préférence au remboursement ; or l'option réduite à cette proportion, que seraient 140 millions à rembourser ? — Rien.

Aussi doit-on s'élever contre tout remboursement partiel, opérant par voie de séries ou d'annuités ; ce serait créer à plaisir des inégalités qui provoqueraient des plaintes ; ce serait favoriser un stérile agiotage, et se mettre à la merci des circonstances en prolongeant une opération qui ne saurait s'accomplir trop rapidement.

La réduction de l'intérêt de la dette publique est une mesure dont le premier exemple raconté par Smolett, dans l'*Histoire d'Angleterre* (tome XIII, page 451), remonte à l'année 1749 :

« Ce qui donna de l'éclat à cette session du parlement fut surtout la réduction de l'intérêt assigné sur les fonds publics. Le plan proposé pour l'opérer s'effectua sans mécontentement et sans trouble, au grand étonnement de toute l'Europe. On eut de la peine à comprendre comment une nation qu'accablait une dette énorme, et qu'une longue guerre semblait avoir épuisée, pourrait satisfaire ceux des créanciers de l'État qui, refusant de se soumettre à la diminution de l'intérêt, exigeraient le remboursement de leurs capitaux.

« L'opposition ne craignit point de démentir les assurances répétées dans le discours du roi, de l'état du commerce, du crédit et de la prospérité nationale. Elle présenta la situation de la Grande-Bretagne sous un aspect tout à fait contraire. M. Pelham lui répondit qu'il résultait du registre d'importations et d'exportations, qu'en aucun temps le commerce anglais n'avait été plus étendu ; que le crédit public, loin d'être, ainsi qu'on le prétendait, faible et languissant, était assez fort pour soutenir une épreuve décisive, et que tel était l'avis des hommes qu'il avait consultés, et dont la raison et l'expérience ne lui laissaient aucun doute. Alors, il développa son plan pour la réduction de l'intérêt, et le fit agréer aux deux chambres. En conséquence, on publia que tous les propriétaires de quelque partie de la dette publique, portant un intérêt annuel de 4 p. 0/0, seraient admis à donner leurs noms jusqu'au 28 de février 1750, comme gage de leur consentement aux conditions proposées dans le bill suivant, savoir : Que leur droit à 4 p. 0/0 continuerait jusqu'au 25 décembre 1750 ; mais qu'à pareil jour de l'année 1751, ils ne recevraient plus qu'un intérêt de 3 p. 0/0. Aussitôt que les souscriptions furent ouvertes, la plupart des créanciers de l'État acceptèrent les conditions qui leur étaient présentées. Les trois grandes compagnies n'ayant pas encore souscrit, M. Pelham représenta que des membres de ces compagnies, qu'il savait être disposés en assez grand nombre à suivre l'exemple des autres créanciers, avaient été forcés de céder à la pluralité des voix. Il demanda qu'une prolongation leur fût accordée : ce délai parut juste. On passa donc un nouveau bill, d'après lequel on étendit pour eux la faculté de souscrire jusqu'au 13 mai, mais avec la condition de ne jouir du bénéfice de trois et demi pour cent que jusqu'au 23 décembre de l'année 1755. Les compagnies n'hésitèrent plus, et cette affaire fut heureusement terminée. »

Nous ajouterons à ce fait historique un exemple beaucoup plus récent, dont nous avons déjà dit un mot, et qui prouvera jusqu'à quel point les habitudes sont prises en Angleterre. Lors de la conversion, en 1822, des rentes 5 p. 100 en 4, le chancelier de l'échiquier en donna le premier avis aux porteurs de rentes le 22 février, le 25 la communication fut portée au parlement, et du 4 au 16 mars l'option des rentiers fut connue ; le 18 l'opération était terminée sans secousse, bien qu'il s'agît d'une réduction d'intérêt annuel de 30,000,000 de francs sur un capital de 3,746,951,000 fr.

Voici les conditions que fixa le parlement par un acte du 12 mars de cette année. La déclaration du consentement devait être donnée par ceux des titulaires de rentes qui habitaient la Grande-Bretagne, dans le courant du même mois de mars, et dans trois mois pour ceux qui étaient établis en Europe. Une année de délai était accordée pour ceux qui se trouvaient hors d'Europe. Les non-consentants étaient remboursés dans le mois de juillet suivant, au vu de leur déclaraion remise, ou par le titulaire ou par un fondé de pouvoir. Au contraire, les porteurs qui n'avaient pas

remis dans le même délai de déclaration de refus, re-
cevaient pour chaque cent francs de capital 5 p. 100,
un titre de 105 livres de capital portant intérêt à 4 p. 100.
Le payement des arrérages était avancé pour eux de trois
mois ; enfin, les nouvelles rentes 4 p. 100 étaient garanties contre tout remboursement jusqu'en 1829. Au moment où la conversion fut ordonnée, le cours du 4 p. 100
n'était que de 98, de sorte que la prime de 5 en capital n'équivalait pour le rentier qu'à un boni de 3 p. 100
comparativement au capital nominal, au remboursement duquel il avait droit. Ces conditions furent ac-
ceptées, et les remboursements ne dépassèrent point
en capital 70 millions de francs. Toutes les autres con-
versions faites depuis ont eu le même résultat ; toutes
se sont opérées sans encombre.

Cette opération contient, toutefois, une disposition
que nous ne saurions approuver ; elle force le rentier,
qui n'a pas fait sa déclaration, d'accepter la conversion.
L'État n'a pas le droit d'imposer la conversion ; il a
seulement le droit de rembourser sa dette au pair.

La conversion est l'instrument principal, sinon pour
l'extinction totale de la dette, du moins pour la réduction graduelle et indéfinie de la rente. C'est une opération qui consiste à engager le rentier placé dans l'alternative du remboursement de capital et de la réduction de l'intérêt, à opter pour la réduction de l'intérêt,
moyennant une augmentation de capital.

Toute conversion doit être essentiellement volontaire. . . . .

Toute conversion ayant pour principe et pour conséquence simultanée, — une réduction d'intérêt et un

accroissement de capital, est, de sa nature, exclusive.
de l'amortissement : car encore une fois accroître le
capital et maintenir l'amortissement, c'est une opération ruineuse pour les contribuables.

La réduction nominale de l'intérêt ayant pour effet
de priver longtemps l'État de la faculté de remboursement ou de réduction, la dénomination la plus faible
est donc la plus avantageuse aux prêteurs ou rentiers
qui, conséquemment, doivent préférer la création d'un
fonds 3 p. 0/0 à 80 fr. à celle d'un fonds 4 p. 0/0 au pair.

Le capital de la dette s'élevant à mesure que l'intérêt
est réduit, l'État rend le remboursement d'autant plus
irréalisable qu'il allège davantage le fardeau des rentes
annuelles qui pèse sur lui; ce qui est encore une garantie pour les rentiers.

Donc la rente étant perpétuelle, et l'*amortissement
étant aboli*, l'État ne doit pas reculer devant une élévation de capital qui n'est plus que nominale, quant au
trésor public.

En résumé, si nous avions à formuler une proposition législative, voici quelles en seraient les bases d'a-
près la situation de la caisse d'amortissement au
1er janvier 1841.

Suppression totale, avec option de remboursement, de la dotation annuelle de l'amortissement s'élevant à.....	44,616,463 fr.
Annulation des rentes rachetées s'élevant à...	36,685,899
Réduction équivalente sur les contributions foncière, personnelle, mobilière et des portes et fenêtres s'élevant à..............	83,302,362
Affectation de la réserve de l'amortissement à des travaux publics exécutés ou à exécuter s'élevant à........................	148,256,000

Si l'on craignait que la suppression radicale de l'a-
mortissement n'eût pour effet une dépréciation dans les
cours, rien ne serait plus facile que de produire l'effet
contraire, c'est-à-dire de la hausse au lieu de la baisse;
il suffirait d'insérer dans la proposition une clause par
laquelle il serait déclaré qu'aucun remboursement ne
pourrait avoir lieu avant l'année 1845 révolue.

On dira peut-être que le projet, tel que nous le concevons, éprouverait une grande résistance de la part
des rentiers et qu'il perpétue en dernière analyse le capital de la dette. Nous répondrons d'abord que les rentiers sont les plus intéressés à la réduction de l'intérêt
de la dette publique; tout ce qui ajoute au crédit de
l'État améliore leur gage; plus l'État réduit ses charges, plus il se rend faciles les moyens d'y subvenir dans
des circonstances critiques. Quant à ce qui tient à la
perpétuité du capital de la dette, nous n'y voyons pas
le moindre mal; car, nous le répétons, l'élévation nominal du capital n'est pas une charge, dès qu'il n'y a
pas obligation de rembourser, ni de racheter, car l'É-
tat n'est pas plus grevé en capital par une dénomination élevée que par une dénomination faible; ce n'est
pas le capital de la dette qu'on inscrit au budget annuel, c'est la rente; or, que le capital augmente ou diminue, le budget ne s'en ressent aucunement; tandis
que si c'est au contraire la rente, le budget grossit ou
s'amoindrit, et le contribuable paye dans ce cas, plus
ou moins.

Dans ce système, il est vrai, on n'entrevoit pas la
possibilité d'une libération complète; on n'arrive qu'à
devoir une somme d'intérêts moindre; mais l'amortis-

sement n'est pas non plus un moyen de libération complète et une dette dont l'intérêt est faible et le capital considérable, a cet avantage que, sans peser sur le contribuable, elle entretient dans une masse de capitaux une habitude de rapports avec l'État qui lui donne, quand il a besoin d'argent, le moyen d'en trouver facilement, et tous ces capitaux qui se lient à son sort contribuent par leur solidarité à donner au gouvernement plus de stabilité.

PROJET DE LOI
relatif au remboursement de la rente 5 p. 0/0,
Présenté le 15 mai 1840 par M. Passy, ministre des finances.

Nous vivons en un temps où l'on ne s'accorde sur rien et où l'on transige sur tout; où la vérité doute d'elle-même et ne se croit plus absolue, où l'erreur ne doute de rien et se croit infaillible, où toutes les convictions dégénèrent en concessions; où toutes les difficultés se compliquent et s'ajournent; aussi ne faut-il s'étonner ni des alliances étranges, ni des contradictions exorbitantes que chaque jour nous voyons consacrer, ni de l'impuissance des hommes, ni de la stérilité des principes.

La conséquence de cela, c'est que nos lois fourmillent d'antinomies et portent avec elles le sceau de cet abâtardissement de l'esprit, de cette promiscuité d'idées que l'on décore arbitrairement du nom de Transaction.

Les réflexions qui précèdent s'appliquent aux principaux projets de lois soumis aux délibérations des deux chambres; et particulièrement au projet de loi relatif au remboursement de la rente cinq pour cent. Aucun de ces projets si importants pour notre crédit, pour notre avenir maritime, pour notre industrie et pour notre commerce, n'est l'expression d'un principe victorieux, d'un système arrêté. Ce sont des capitulations d'idées, et suivant nous, rien n'est plus funeste que ce désordre moral, que cette anarchie intellectuelle, dans lesquels se complaisent les esprits médiocres et superficiels. Quand deux principes sont de leur nature incompatibles, nous voulons qu'ils se combattent et non pas qu'ils se mélangent. Cette voie de confusion dans laquelle nous sommes engagés, hommes et choses, gouvernement et partis, est une voie qui n'aboutit qu'à fausser les idées les plus droites, qu'à rendre douteux les principes les plus certains, qu'à faire enfin des lois sans force et sans durée; nous voulons que les vérités soient absolues, afin qu'elles soient simples et faciles à comprendre; nous voulons que les erreurs soient radicales, afin qu'elles soient évidentes et glorieuses à combattre. Les idées, dont il faut le plus se défier, ce sont celles qui sont fausses et justes à moitié, et par le temps qui court, ce sont celles-là qui malheureusement ont le plus de faveur.

Le projet de loi relatif au remboursement de la rente 5 p. 100 est dans ce cas. C'est une complication confuse de systèmes qui se contredisent, et que la grande majorité des rentiers ne comprendra qu'avec peine. Inconvénient grave, car s'il est vrai que les combinaisons les plus simples et les plus claires soient toujours les meilleures, c'est surtout en matière de crédit public.

Mais si nous sommes absolus, nous ne sommes point exclusifs.

M. de Lamartine nie hautement que l'État ait le droit de rembourser la rente 5 p. 100; c'est là une opinion tranchée qu'il a défendue avec un immense talent; nous ne la partageons pas, mais nous la concevons; ce que nous ne concevons point, c'est qu'après avoir contesté le droit, on s'ingère à proposer des combinaisons qui n'en seraient que des violations plus ou moins détournées. Ceci s'adresse aux auteurs de ces mille et une brochures où le droit de remboursement commence par être contesté et finit par être admis.

Le système de M. Garnier-Pagès est fort simple, il consiste à réduire purement et simplement l'intérêt de la dette, en sacrifiant les rentiers aux contribuables. C'est encore là une opinion franche, elle ne dissimule pas son origine révolutionnaire, et n'élude pas la difficulté.

Il est enfin un troisième système, celui que nous avons exposé, et auquel tout ce qui a été publié et dit jusqu'à ce jour sur le remboursement, n'a fait que nous rattacher plus étroitement encore; c'est le système qui réside dans ces termes :

Abolition préalable de l'amortissement affecté aux rentes 5, 4 1/2 et 4 p. 100, avec option de remboursement offerte aux rentiers qui protesteraient contre cette suppression ;

Ajournement de la conversion à cinq années ;

Option ultérieure donnée aux détenteurs de rentes

entre le remboursement et l'offre d'un accroissement de capital assez avantageux pour qu'ils souscrivent avec empressement à la réduction d'intérêt, et pour rendre superflue la création de séries tirées au sort, moyen réprouvé par la stricte équité et peu digne du gouvernement d'une grande nation.

On objecte contre ce projet que l'amortissement a été constitué par une loi, qu'il a été l'une des clauses fondamentales du prêt, et qu'on n'y saurait toucher, sans violer le respect dû au contrat. A cette objection nous répondons que le scrupule serait tardif, car toutes les lois qui, postérieurement à celles des 28 avril 1816 et 25 mars 1817 ont eu, directement ou indirectement, l'amortissement pour objet, ont été des atteintes plus ou moins graves portées à cette institution.

La loi du 1er mai 1825, en déclarant que les fonds affectés à la caisse d'amortissement ne pourraient plus être employés au rachat des fonds publics dont le *cours serait supérieur au pair,* n'a-t-elle donc pas gravement modifié les lois de 1816 et de 1817 et créé la nécessité d'un autre mode d'extinction de la dette?

La loi du 25 mars 1831, qui autorise le gouvernement à aliéner des bois de l'Etat jusqu'à concurrence de quatre millions de revenu net, n'a-t-elle donc rien changé aux termes de la loi de finances du 25 mars 1827?

La loi du 1er juin 1833 qui détermine que « *le pair se compose du capital nominal, augmenté des arrérages échus du semestre courant,* » et que le fonds d'amortissement appartenant à des rentes *dont le cours serait su-*

périeur au pair, sera mis *en réserve*, ne contient-elle donc pas des interprétations et des stipulations qui n'avaient pas été primitivement prévues? »

Or, de deux choses l'une, ou les chambres n'avaient pas, même dans un intérêt public, le droit de toucher à l'amortissement en 1825 et en 1833, ou elles ont aujourd'hui le droit de le supprimer.

Un contrat n'est pas plus ou moins violé, parce qu'il a été plus ou moins modifié par une seule des parties contractantes, sans l'assentiment des autres. L'atteinte est la même. Il n'y a pas de degrés dans le respect religieux de la lettre d'un contrat, et lorsque, le 8 juin 1838, M. le comte Roi écrivait ces paroles remarquables : « *La législation de l'amortissement n'existe plus*, » il proclamait une vérité manifeste. Non, la législation de l'amortissement n'existe plus; aussi sommes-nous d'avis qu'il n'y a pas lieu de s'y arrêter, lorsqu'il s'agit de sortir des combinaisons factices et compliquées pour rentrer dans la vérité et dans la simplicité du crédit.

D'ailleurs, lorsque nous proposons d'abolir l'amortissement sur les rentes 5, 4 1/2 et 4 p. 100, nous laissons aux rentiers mécontents de cette suppression le droit d'exiger le remboursement de leur capital. Il est vrai que ce droit serait en quelque sorte illusoire; car, pour qu'ils trouvassent un avantage à l'exercer, il faudrait que les rentes 5, 4 1/2 et 4 p. 100 tombassent au-dessous du pair; or, nous pensons que l'abolition de l'amortissement n'aurait sur le cours de ces rentes qu'une influence légère et instantanée; mais si, contre notre attente, cette suppression produisait une baisse considérable et soutenue, qu'en faudrait-il conclure?

il en faudrait conclure que les cours actuels sont artificiels, et que l'intérêt de l'argent est effectivement plus élevé que ne le prétendent les partisans impatients de la conversion ; c'est là un point dont il nous paraît qu'il serait important et prudent de vérifier l'exactitude avant de s'engager plus avant dans la voie d'un remboursement.

Ce projet n'aurait pas seulement pour avantage d'alléger le poids du budget et celui de la dette, mais encore de faciliter l'opération de la conversion, en permettant de donner aux rentiers, en compensation de la réduction successive d'intérêt, un large accroissement de capital nominal dont ils profiteraient sans préjudice pour les contribuables ; car c'est une vérité aujourd'hui démontrée que le capital nominal d'une dette ne charge pas un Etat, quand elle ne contient ni l'obligation du remboursement, ni celle du rachat : l'intérêt que l'Etat paye aux prêteurs, voilà sa véritable charge.

Le reproche grave que nous faisons au projet de conversion présenté par le gouvernement, c'est de se composer de deux dispositions dont la réunion est une monstruosité financière ; c'est de confondre et de dénaturer deux systèmes, entre lesquels il fallait opter :

L'un, — maintien de l'amortissement avec réduction d'intérêt pure et simple, d'un cinquième ou d'un sixième, et option de remboursement ;

L'autre, — suppression de l'amortissement avec compensation de la réduction d'intérêt par l'accroissement du capital, et option de remboursement.

Le projet de loi présenté laisse subsister l'amortissement.

L'article 1ᵉʳ autorise le gouvernement à rembourser, à raison de 100 fr. pour chaque 5 fr. de rentes, les rentiers qui, après un délai de trois mois écoulé, n'auraient voulu accepter, ni du 4 1/2 p. 100 avec garantie pendant dix années, contre tout nouveau remboursement, ni du 3 1/2 p. 100, à 86 fr. 42 c., ce qui constitue un intérêt de 4 fr. 05 c. avec éventualité d'un accroissement de capital de 13 fr. 58 c.

La principale objection des adversaires du remboursement n'est pas celle qu'ils font valoir contre le droit qu'ils ne contestent pas sérieusement, mais celle qu'ils élèvent contre la possibilité d'en faire l'application sans injustice et sans préférence, en un mot, sans recourir à l'arbitraire d'un tirage au sort. Or, ce périlleux écueil, le projet de loi n'a pas su l'éviter.

L'exorbitante faculté que réserve à l'État l'article 5 dans lequel il est dit que le remboursement pourra être effectué par séries, et qu'il ne sera obligatoire que jusqu'à concurrence du capital des séries appelées, est, il est vrai, tempérée par l'article 3, qui stipule que les rentes ouvertes continueront à jouir des intérêts à 5 p. 100, jusques et y compris le semestre qui suivra l'achèvement de l'opération du remboursement, mais l'objection n'en subsiste pas moins, et l'on peut dire même que, par son amendement, la commission en a plutôt reconnu qu'atténué la gravité.

L'art. 2, qui donne au rentier l'option entre du 4 1/2 et du 3 p. 100, rapproché de l'article 10, qui déclare que la part d'amortissement attribuée aux rentes qui viendront à être remboursées ou converties, sera transportée aux rentes qui leur seront substituées, constitue une de ces antinomies dont nous avons dit que nos lois étaient remplies.

En effet, le 4 pour cent vaut présentement 103 fr.; donc, le 4 1/2 p. 100 *garanti pendant dix ans contre tout nouveau remboursement* sera, dès le jour même de son émission, coté fort au-dessus du pair. Alors à quoi bon lui attribuer un amortissement qui sera condamné par le fait à l'impuissance et à l'immobilité ? C'est vouloir perpétuer indéfiniment un mode barbare d'accumulation (1) qui consiste à retirer de la circulation, en leur faisant supporter des frais considérables de perception, des capitaux utilement employés, pour les enfouir, sous le nom de *réserve de l'amortissement*, dans les caves de la Banque de France, ou pour les prêter au Trésor en échange de ses bons.

L'amortissement ne pouvant s'exercer sur le 4 1/2 p. 100 au-dessus du pair, agira donc exclusivement dans la latitude de 13 fr. 55 c. sur le 3 1/2 p. 100, qu'il ne tardera pas à élever de 86 fr. 45, taux d'émission, au cours de 100 fr., pair nominal.

Or, voici quelles sont les conséquences de cet article 10 du projet :

Il attribue au 4 p. 100 un fonds d'amortissement qui

(1) Étrange complication financière : le Trésor a 141 millions à la banque, qui ne lui rapportent pas un centime d'intérêt, et à l'échéance de chaque semestre, le Trésor paye *douze à treize cent mille francs* à la banque pour les arrérages des rentes 5 p. 100 que celle-ci possède.

(HUMANN, *Discours à la chambre des pairs,* 20 juin 1838.)

restera sans emploi, et qui s'accumulera chaque année ;

Il perpétue entre le 4 1/2 p. 100 *au-dessus* du pair, et le 3 1/2 p. 100 *au-dessous* du pair, l'inégalité qui existe aujourd'hui entre le 5 p. 100 et le 3 p. 100, inégalité de laquelle il résulte que 1,000 fr. de rente 5 p. 100, au cours de ce jour, 112 fr. 60 c., ne coûteraient que 22,520 fr., tandis que 1,000 de rente 3 p. 100, au cours de 83 fr. 70 c., vaudraient 27,900 francs. Différence, 5,380 francs ;

Enfin, il fait racheter à 100 francs par l'État des rentes émises par lui au cours de 86 fr. 41 ; c'est le système contraire de celui de M. Garnier-Pagès, qui sacrifie les rentiers aux contribuables ; ici ce sont les contribuables qui sont immolés aux rentiers. Nous désapprouvons également l'un et l'autre de ces modes, nous ne voulons pas qu'on porte atteinte ni à l'un ni à l'autre de ces deux intérêts qu'il est possible de concilier.

Que l'on donne, si on le veut, du 3 1/2 p. 100 au-dessous de 86 fr., mais qu'on supprime l'amortissement. Encore une fois, toute conversion ayant pour base une réduction d'intérêt compensée par un accroissement de capital, est de sa nature exclusive de l'amortissement. Accroître simultanément le capital et conserver l'amortissement est une opération insensée, contre laquelle on ne saurait trop hautement protester au nom de l'arithmétique, au nom de la raison, au nom de tous les contribuables.

Dans l'ordre d'idées que nous soutenons, et qui consiste à substituer au remboursement forcé et au rachat successif du capital, la réduction de l'intérêt par l'accroissement du capital nominal, et la diminution de la dette par la réduction de l'intérêt, le 3 p. 100 était un fonds préférable au 3 1/2, et dans l'intérêt du crédit public et dans celui des rentiers ; d'une part, le crédit public a besoin de stabilité, et des opérations de conversion trop fréquentes l'ébranleraient profondément ; d'autre part, les rentiers ont besoin de sécurité. Or, il est manifeste que du 3 p. 100 à 75, étant plus éloigné de 100 francs, pair nominal, qu'il ne l'est du 3 1/2 p. 100 à 85 fr., est conséquemment à l'abri d'une nouvelle réduction d'intérêt pour un plus grand nombre d'années ; donc, plus la dénomination d'intérêt est faible, et plus elle est avantageuse aux détenteurs de rente ; c'est là un principe élémentaire qu'on ne saurait répandre trop communément.

Non-seulement le 3 p. 100 devait être préféré au 3 1/2, parce que, premièrement il ouvrait une marge plus grande au développement du crédit ; parce que, deuxièmement, il donnait aux rentiers plus de confiance, mais encore parce qu'alors il n'y aurait plus eu en France et en Angleterre qu'un même fonds au même capital ; or, le 3 p. 100 anglais étant à 92, le 3 p. 100 français, qui n'est encore qu'à 83 fr., se fût piqué d'honneur pour atteindre le même cours et peut-être le surpasser. Et pourquoi donc pas ? Le crédit de la France, elle qui n'a que quatre milliards de dette, est-il moins solidement établi que celui de l'Angleterre dont la dette dépasse dix-huit milliards ? Le ressort de l'émulation nationale vaut bien celui de l'amortissement.

Pourquoi donc cette variété de fonds 5, 4, 4 1/2, 3

8

1/2 et 3 p. 100? Quel en est l'avantage, quel en est le but? — Une telle diversité ne nous paraît propre qu'à rendre l'agiotage plus facile, qu'à accroître encore la toute-puissance financière de certaines maisons de banque, qui, ne pouvant accaparer la presque totalité d'un fonds, peuvent le faire baisser ou hausser à leur gré, ainsi que cela a souvent lieu pour le 3 p. 100. Cette considération vaut la peine d'être attentivement examinée et sérieusement débattue par les deux chambres.

L'avis que nous avons émis a prévalu ; le silence des rentiers, qui, dans le projet du gouvernement, était interprété en faveur de la conversion, est interprété, dans l'article 3 du projet de la commission, en faveur du remboursement, ce qui est strictement juste.

L'article 5 est un des points les plus vulnérables du projet, c'est celui dans lequel il est dit que le remboursement ne sera obligatoire que jusqu'à concurrence du capital des séries appelées.

Nous ne nous arrêterons pas à l'article 6 du projet, qui statue sur les rentes grevées d'usufruit. C'est une disposition de détail.

La conversion pure et simple du 5 p. 100 en 3 p. 100 à 75 francs avec option de remboursement aurait rendu inutile l'article 7, par lequel l'État s'interdit pendant dix années le droit de rembourser les rentes 4 1/2 p. 100.

L'article 8 détermine les voies et moyens de remboursement ; l'article 9 prescrit l'insertion au *Bulletin dés Lois* des ordonnances royales, qui fixeront le mode et les délais dans lesquels le remboursement et la conversion devront être réalisés.

En parlant de l'article 2 du projet, nous avons dit toute notre pensée sur l'article 10, qui transporte l'amortissement des rentes 5 p. 100, qui seront remboursées ou converties aux nouvelles rentes 4 1/2 et 3 1/2 p. 100; nous nous bornerons donc à citer à l'appui de notre opinion, ces mots d'un publiciste anglais :

« Tant qu'on ne considère point le remboursement définitif du capital, le *taux de l'intérêt est le seul objet qui mérite attention*. Mais augmenter le principal pour réduire l'intérêt, *lorsqu'on a l'intention de racheter le principal;* mais maintenir un fonds d'amortissement d'une main et de l'autre augmenter la dette sans raison, *cela paraît être la plus grande des difficultés qu'on puisse mettre en pratique*. »

Enfin, nous terminons en disant que le provisoire actuel porte atteinte à notre crédit ; il tient les rentiers dans une perplexité fâcheuse que l'agiotage exploite à leur détriment, au renouvellement de chaque session législative ; il perpétue un état de choses factice ; il comprime le cours du 5 p. 100 et surexcite celui de 3 p. 100, d'où il suit qu'on ne peut exactement dire quel est aujourd'hui le taux de l'intérêt payé par l'État.

Prenons donc un parti : le plus simple serait d'abolir l'amortissement, d'annuler ses rentes, d'utiliser sa réserve, de dégrever d'autant l'impôt foncier, et d'ajourner à cinq ans la conversion.

AMÉLIORATION DU CRÉDIT DE L'ÉTAT;

SUPPRESSION

DES JEUX DE BOURSE.

1843.

AMÉLIORATION DU CRÉDIT DE L'ÉTAT;

DES JEUX DE BOURSE.

Les marchés à terme d'effets publics sont prohibés et nuls s'il n'y a dépôt d'effets ou de titres, surtout si ces marchés ne sont que des spéculations sur la hausse et la baisse se réduisant au gain et à la perte d'une *différence*. Aucune ratification ne peut couvrir le vice de ces marchés.

Ainsi l'ont invariablement jugé divers arrêts du conseil d'État et de la cour de cassation (1), d'accord avec le Code pénal, qui s'exprime ainsi :

(1) Arrêts du conseil d'État des 7 août et 2 octobre 1785, et 23 décembre 1786; loi du 23 vendémiaire an IV, article 4; arrêté du 27 prairial an x, article 7; arrêts de la cour de cassation, en date des 11 et 14 août 1824, et 30 mai 1838. Indépendamment de ces arrêts, il existe deux arrêts de la cour royale de Paris, l'un rendu le 11 juillet 1836, l'autre rendu, le 11 juin 1842, dans l'affaire Joubert, et un jugement du tribunal correctionnel de la Seine, en date du 7 juin 1842, qui, malgré les plaidoiries de M Chaix-d'Est-Ange et Horson, a condamné M. Bagieu, agent de change, à 5,000 fr. d'amende dans l'affaire Villette.

« Art. 421. Les paris qui auront été faits sur la hausse ou sur la baisse des effets publics seront punis des peines portées par l'art. 419.

« Art. 322. Sera réputée pari de ce genre toute convention de vendre ou de livrer des effets publics qui ne seront pas prouvés par le vendeur avoir existé à sa disposition au temps de la convention, ou avoir dû s'y trouver au temps de la livraison. »

Les peines portées par l'art. 419 du Code pénal sont celles-ci : emprisonnement d'un mois au moins, d'un an au plus ; amende de 500 fr. à 19,000 fr.

On le voit, la législation et la jurisprudence sont d'accord et également formelles ; or, de deux choses l'une : ou il faut oser, si le crédit de l'État l'exige, réformer la législation et la jurisprudence ; ou il n'en faut pas souffrir impunément la violation scandaleuse dans un édifice public placé sous la surveillance spéciale du ministre des finances, par une compagnie privilégiée dont les membres sont nommés par le roi.

Où veut-on que le peuple apprenne le respect des lois, si le gouvernement en tolère, en autorise, en encourage ainsi lui-même l'audacieux mépris ?

La suppression des paris sur la hausse ou la baisse des effets publics, disent ceux qui les défendent, serait funeste au crédit de l'État. Elle éloignerait du marché les capitalistes et les spéculateurs que le puissant attrait du jeu y fait venir. Ce sont eux qui soutiennent le cours des effets publics et qui l'ont fait constamment s'élever. Leur éloignement de la bourse livrerait la rente sans défense à deux ou trois maisons toutes-puissantes, qui deviendraient alors maîtresses absolues des

cours. Quand on aurait de la rente à acheter, on ne
trouverait pas de vendeurs ; il faudrait la payer le prix
que ces maisons en voudraient ; quand, au contraire,
on en aurait à vendre, on ne trouverait pas d'acheteurs,
et le prix tendrait aussitôt à s'avilir. L'État, enfin, lorsqu'il aurait besoin de contracter un emprunt, ne trouverait plus de prêteurs.

S'il en était ainsi, si toutes les objections étaient fondées, le gouvernement ne saurait trop se hâter de faire,
pour les marchés à terme d'effets publics, ce qu'il a fait
dans la dernière session législative pour les actes no-
tariés dont la cour de cassation avait refusé, par divers
arrêts, de reconnaître la parfaite authenticité. Mais il
n'en est pas ainsi, et les objections derrière lesquelles
on se retranche, pour justifier et maintenir la violation scandaleuse de la loi et de la jurisprudence, ne
sont que des lieux communs qui ne résistent pas au
plus léger examen.

La suppression de fait des paris prohibés par la loi
sur la hausse et la baisse des effets publics, loin d'affaiblir le crédit de l'État, ainsi qu'on le prétend faussement, lui donnerait, au contraire, plus de force et
de solidité. Ces paris, faits par un petit nombre
de capitalistes, qui s'enrichissent à ruiner pério-
diquement de pauvres joueurs qui le plus souvent ne
possèdent que les faibles *couvertures* (1) exigées d'eux,
ces paris ont le grave inconvénient d'imprimer aux
cours une mobilité qui éloigne de la bourse un grand

_____

(1) *Couverture* est un terme de bourse par lequel on désigne
la somme d'argent remise d'avance, qui sert de caution aux sol-
vabilités douteuses et à la bonne foi équivoque.

nombre de placements qui pour n'être pas définitifs, n'en seraient pas moins sérieux.

Le jour où la loi et la jurisprudence qui prohibent les paris sur la hausse et la baisse cesseraient d'être ouvertement, publiquement, impunément violées ; le jour où il n'en coûterait rien pour se faire délivrer, contre espèces, une inscription de rente nominative ou au porteur, où il n'en coûterait rien pour la revendre, ce jour-là tous les petits capitaux improductifs d'intérêt, qui forment une masse immense, incalculable, se convertiraient à Paris et dans les départements en inscriptions de rentes sur l'État ; et nul doute que cette conversion n'eût pour effet d'améliorer notre crédit public, de le consolider, de le porter à sa plus haute expression. Mais aujourd'hui, pour jouir de l'intérêt d'une somme dont il est possible qu'on ait besoin de disposer plus ou moins prochainement, qui pourrait raisonnablement consentir à payer deux fois un droit de commission onéreux et à s'exposer à subir sur le capital une dépréciation plus considérable que le gain de l'intérêt ?

Assurément de tels placements, qui auraient entre autres avantages celui d'étendre parmi les masses les habitudes d'ordre, d'épargne et de prévoyance, et par suite les moyens de bien-être, quelque mobiles qu'ils fussent de leur nature, seraient préférables au payement mensuel de *différences* qui ne profitent à l'État sous aucune forme.

Le moindre inconvénient des marchés à terme d'effets publics, qui se résolvent dans le payement d'une différence ou d'une prime, est d'attirer les capitaux par l'appât d'un bénéfice facile, au préjudice de l'industrie; de la démoraliser; de la forcer en quelque sorte à tomber dans le charlatanisme, à recourir aux chances aléatoires, à alléguer enfin des bénéfices exagérés, imaginaires, pour soutenir la concurrence avec les jeux de bourse.

Les paris sur la hausse et la baisse ont le pouvoir de multiplier les fluctuations. Mais les fluctuations artificielles qu'ils créent ne sont jamais qu'éphémères. Qu'un événement fâcheux affectant profondément la confiance et la prospérité publiques soit la cause d'une baisse prolongée, vainement tous les paris à la hausse s'efforceront de l'arrêter; les paris en sens contraire ne seront pas moins impuissants à produire une baisse soutenue dans un temps de calme où la sécurité régnerait parmi les transactions. On peut même ajouter que plus il sera fait d'efforts pour maîtriser le mouvement, soit de hausse, soit de baisse, et plus il y aura lieu de craindre que la *panique* ne vienne l'aggraver et lui donner une importance qu'il n'aurait pas eue s'il avait été abandonné sans résistance à lui-même. Voici généralement ce qui a lieu : Nous supposons que les cours ont fléchi. Que font les joueurs en hausse ? Ils achètent dans l'espoir de maintenir les cours. Au lieu de se relever, les cours continuent de fléchir. Les joueurs en hausse persistent à vouloir les contenir. Le mouvement en baisse continue de se prononcer. Le joueur qui pouvait supporter une baisse de deux francs est hors d'état d'en supporter une de trois. L'agent de change, qui le sait ou qui le craint, s'alarme; il intimide son client, et, soit par la peur ou par la crainte, il le force à *réaliser* sa

perte, c'est-à-dire dans ce cas, à revendre à tout prix
les rentes qu'il a successivement achetées à des cours
relativement fort élevés. On comprend l'influence que
ces réalisations doivent exercer sur le marché. La baisse
qui, naturellement, si aucun effort n'avait été fait pour
la contenir, se fût arrêtée à un franc, atteint dans ce
cas des différences du double ou du triple. Voilà ce que
produit la panique : elle ruine les joueurs d'autant
plus vite et d'autant plus sûrement, qu'ils ont moins
de moyens de consommer une perte, qu'ils sont moins
en état d'attendre la réaction. Si ces hausses saccadées,
ces baisses fréquentes n'avaient pour résultat que d'enrichir tel joueur aux dépens de tel autre, nous pourrions fort bien ne pas nous en émouvoir et n'en tenir
aucun compte, passer près du palais de la Bourse en
disant : Qu'importe qu'ils s'y ruinent, ce sont des
joueurs ! Mais la question ne se réduit pas à des termes aussi simples, elle est complexe.

Derrière les joueurs qui se pressent autour du par-
quet des agents de change, qui appellent de toute l'ardeur de leurs vœux, ceux-ci la baisse, ceux-là la hausse,
qui murmurent contre toute *stagnation* prolongée ;
derrière les joueurs sont les rentiers, les détenteurs
sérieux d'inscriptions. Toute baisse, toute hausse
même, un peu rapide, vient jeter le trouble dans
leur paisible existence. Dans la première hypothèse,
l'inquiétude s'empare d'eux ; dans la seconde, l'incertitude ; faut-il vendre? se demandent-ils. Moins ils sont
joueurs et plus ils sont émus ; moins ils sont riches et
plus ils ressentent vivement l'angoisse de perdre ou de
laisser échapper l'occasion de réaliser un bénéfice. Si

la législation et la jurisprudence qui interdisent les marchés à terme, non précédés ou non suivis du dépôt d'effets ou de titres, étaient sévèrement observées, les rentiers ne seraient plus exposés ainsi à ressentir le contre-coup de toutes ces agitations ; beaucoup ainsi de petits capitaux inactifs, qu'on ne place pas, parce qu'il n'existe aucun moyen de leur faire produire sûrement un intérêt quelconque, en en conservant toutefois la libre et facile disposition, n'hésiteraient plus à se convertir en inscriptions de rentes. Aussi, loin d'affaiblir le crédit de l'État, ainsi qu'on le prétend faussement, la suppression des paris sur la hausse et la baisse des effets publics lui donnerait au contraire une force et une extension nouvelles. Quel immense capital ne composerait-on pas de toutes les sommes éparses de 1,000 francs et au-dessous que chacun garde chez soi afin de faire face à une dépense imprévue, dont l'occasion ne se présentera peut-être jamais, ou au payement de mémoires qui peut se faire longtemps attendre ! L'inscription de rente n'a pas encore acquis la popularité qu'elle est appelée à obtenir. L'établissement des caisses d'épargne a rendu déjà sous ce rapport, au crédit de l'État, des services non moins incontestables que ceux dont les classes laborieuses leur sont redevables. Toutefois cela ne nous empêchera pas d'ajouter ici que le succès même de cette institution, lorsque l'on s'en rend bien compte, est une preuve de ce qui reste encore à faire pour mettre le grand-livre de la dette publique à la portée de tout le monde. Pourquoi ne réduirait-on pas de 10 francs à 1 franc l'*unité* de l'inscription de rente, ainsi que l'a proposé un banquier italien, le baron de

9

Corvaïa? Parce que l'écrit (1) dans lequel il a déposé
cette idée est empreint d'exagérations poussées jusqu'à
l'aberration, est-ce une raison suffisante de condamner
l'idée sans examen? Quelle est l'utile invention, quel
est le réel perfectionnement dont l'auteur ne se soit pas
exagéré les avantages et dont il n'ait pas outré les conséquences? Voyez quelle influence a exercée sur le
prix de vente de la propriété le morcellement du sol!
Combien de terres qui, non divisées, n'auraient pas
trouvé d'acquéreurs au prix de 500,000 fr., divisées,
ont produit deux fois, quatre fois cette somme, et souvent plus ! Veut-on un autre exemple qui montre jusqu'à quel point le fractionnement du prix d'un objet,
en en facilitant l'acquisition, peut le rendre d'un usage
populaire? — En voici un auquel se rattache étroitement le nom d'un ancien sous-secrétaire d'État des finances, qui a été deux fois président du conseil.
En 1835, l'*Histoire de la Révolution française*, de
M. Thiers, n'avait encore été tirée qu'à un assez petit
nombre d'exemplaires, lesquels cependant suffisaient
aux demandes ; une vive impulsion ayant été donnée
à toutes les publications à bon marché par l'immense
succès du *Journal des Connaissances utiles*, tiré à 130,000
exemplaires, que fait l'éditeur de l'*Histoire de la Révolution française*, de M. Thiers? Il se décide à imiter ce qu'il
voit réussir ; il fait de cette histoire une nouvelle édition
qu'il publie par livraisons de deux feuilles, et l'ouvrage
qui, composé de dix volumes, ne s'était vendu qu'à
deux mille exemplaires, fractionné en livraisons, se

(1) La *Bancocrazia* o *Il gran libro sociale*, del dottore in
legge, barone GIUSEPPE CORVAIA. Milano, 1835.

vend à trente mille exemplaires, malgré des gravures qui en augmentent le prix d'achat. Cet exemple n'est pa le seul en ce genre, on en pourrait citer plus de cent autres. Où serait l'inconvénient, qu'un ouvrier économe, qu'un écolier, etc., qui auraient épargné 25 ou 30 francs, pussent acquérir un franc de rentes 5 ou 3 0/0, puis successivement deux francs, trois francs, quatre francs? Cela multiplierait à l'infini, dit-on, les inscriptions de rentes et les écritures du trésor. Mais avec de pareilles objections, si l'administration des postes n'existait pas, il ne faudrait donc pas l'inventer ! Mais si de pareilles objections vous arrêtent, pourquoi ne renoncez-vous pas à percevoir les contributions portées au rôle pour une somme au-dessous de 25 francs ? Nous n'insisterons pas plus longuement sur cette idée, qui fait ici presque digression ; si elle trouve des contradicteurs, tant mieux ; ils nous fourniront l'occasion d'y revenir et de la développer.

En en disant ici quelques mots, nous n'avons eu qu'un but : de faire bien comprendre que toutes les oscillations imprimées au cours des effets publics par les paris sur la hausse et la baisse, loin d'élever le cours, le retenaient, loin d'être favorables au crédit de l'État, lui étaient nuisibles, loin de le consolider, l'ébranlaient.

Examinons une à une les objections qui nous sont faites :

La suppression des paris sur la hausse et la baisse éloignerait du marché les capitalistes et les spéculateurs que l'attrait du jeu y fait venir. Eh bien ! quand, faute de cet emploi stérile, l'argent des gros capitalistes servirait à faire baisser le prix du loyer des capitaux et le taux de l'escompte, à procurer aux propriétaires qui empruntent sur hypothèque, à l'agriculture et à l'industrie, le numéraire à un plus faible intérêt, où serait le mal? Quand l'argent des spéculateurs, qui recherchent par nature ce qui est aventureux, qui aiment à tenter la fortune, servirait à venir au secours de tous ces pauvres diables d'inventeurs possédés de leur idée, à la folie desquels l'industrie doit finalement tous ses progrès, toutes ses merveilles, où serait encore le mal? Quelque chose qu'ils fassent de leur argent, les joueurs à la bourse n'en sauraient faire un plus mauvais emploi au double point de vue d'eux-mêmes et de la société.

Ce sont les capitalistes et les spéculateurs qui soutiennent le cours des effets publics, et qui l'ont fait constamment s'élever. Les joueurs font varier le cours; mais ce qui le soutient, c'est le nombre des demandes *au comptant* proportionnellement à celui des offres, c'est la rareté de l'effet relativement à l'abondance de l'argent. Toutes les fois que la rente au comptant est plus offerte que demandée, les joueurs à la hausse se montrent fort réservés. Si le cours des rentes s'est constamment élevé et tend à s'élever encore, ce n'est pas au jeu que doit être attribué ce résultat, mais à l'action de l'amortissement et au progrès de la richesse publique. Est-ce que la valeur vénale de la terre, des maisons, des offices, etc., ne tend pas chaque jour à s'élever en raison inverse du revenu et du produit?

L'éloignement de la bourse des joueurs et des capitalistes livrerait la rente sans défense à deux ou trois maisons toutes-puissantes, qui deviendraient alors maîtresses absolues des cours. Une telle objection n'est pas sérieuse et ne peut être opposée qu'à ceux qui ignorent qu'il ne se fait pas de paris sur le comptant, qu'il n'y a de jeux que sur les rentes dites *fin courant* ou *fin prochain.* Le comptant ne donne lieu qu'à une seule opération qui s'appelle *report.* Le report est la différence qui existe soit entre le cours de la rente au comptant et le cours de la rente fin courant, soit entre le cours de la rente fin courant et le cours de la rente fin prochain. Voici en quoi cette opération consiste : vous avez 120,000 francs que vous ne savez comment placer, vous voulez en garder la libre disposition, et le cours des rentes vous paraît devoir plutôt fléchir que s'élever ; vous avez peu de confiance ; dans ce cas vous achetez au comptant 5,000 francs de rente à 120 francs qui vous coûtent 120,000 francs, et vous les vendez le même jour, fin courant, si le report est à 20 centimes, 120,200 francs ; dans ce cas, la perte d'intérêt est compensée par l'avantage de mettre son capital à l'abri de toute fluctuation.

Les reports, comme on le voit, sont donc un argument qui vient à l'appui de la justesse de nos idées sur la nécessité de donner plus de fixité aux cours des effets publics : et le moyen encore une fois, c'est la suppression du jeu. Nous reviendrons plus loin sur l'opération des reports. Puisqu'il ne se fait pas de paris sur les effets publics au comptant, la suppression des marchés à terme ne changerait donc rien à ce qui est. Il se trouverait, comme aujourd'hui, des acheteurs et des vendeurs absolument dans les mêmes conditions. Évidemment, lorsque deux ou trois maisons feraient des

achats considérables de rentes, le cours s'élèverait ;
lorsque au contraire, elles feraient des ventes importantes, le cours baisserait ; mais c'est ce qui a lieu dans
le commerce pour toute espèce de marchandises ;
quant à un abus, quant à un danger, ils ne seraient pas
possibles. Supposez une maison qui veuille accaparer
momentanément toutes les rentes à vendre, eh bien !
qu'y gagnerait-elle ? Le jour où elle revendrait, à moins
qu'il ne se soit produit une circonstance favorable, la
vente opérerait une baisse proportionnée à la hausse
causée par l'achat. Le payement de deux courtages à
l'agent de change chargé de la négociation, voilà donc
quel serait le résultat le plus probable de cette double
opération.

*L'État, enfin, lorsqu'il aurait besoin de contracter un
emprunt, ne trouverait plus de prêteurs.* Cela est bon à
dire aux gens à qui il suffit qu'une objection soit banale pour qu'elle leur paraisse sans réplique. Nous ne
nous payons pas plus de fausses raisons que de fausse
monnaie, et quand une objection éveille nos doutes,
nous en examinons avec soin le poids, la valeur et l'ef-
figie. Un État contracte un emprunt par voie de concession ou d'adjudication. Qui est-ce qui lui prête en
réalité ? Sont-ce les concessionnaires ou les adjudica-
taires de l'emprunt ? Il faudrait pour cela supposer des
emprunts dont le *maximum* serait de quarante à cinquante millions, cent millions au plus. Le véritable prêteur, c'est le public ; les concessionnaires ou les adju-
dicataires ne sont jamais, au moins pour la plus grosse
part, que des intermédiaires entre l'État qui emprunte
et les petits capitaux qui cherchent un placement.

Sans doute quand le prêt est consenti par la maison de Rothschild frères, c'est une garantie qu'il ne sera fait qu'à de bonnes conditions pour elle et conséquemment pour les preneurs ; mais cette garantie, quelque avantageuse qu'elle soit, n'est pas essentielle. Il n'y a pas d'exemple d'emprunt qui n'ait été contracté au-dessous du cours de la même nature de rente. Le 3 p. 100 est aujourd'hui à 82 ; supposez que l'État ait contracté ce matin un emprunt, assurément il ne l'aurait pas adjugé au-dessus de 79 ou de 80 fr. Quel est le petit placeur, si bornée qu'on suppose son intelligence, qui ne se rende tout de suite compte de l'avantage qu'il aura à acheter à 79 ou 80 fr. des titres absolument pareils à ceux qui se vendent 82 fr., donnant exactement le même intérêt, et présentant les mêmes garanties, aussi bien pour le capital que pour le payement des arrérages ? Il n'aura besoin pour cela assurément d'être ni banquier, ni capitaliste, ni spéculateur ; il lui suffira de savoir compter sur ses doigts. Une prime de 2,000 à 3,000 à gagner sur 3,000 fr. de rentes, ne lui paraîtra pas à dédaigner ; et il assiégera le trésor public, comme MM. de Rothschild frères lorsqu'ils doivent soumissionner un emprunt sont assaillis par leurs clients, avides d'être admis à la faveur d'y participer. Cela est si clair, cela est si simple, que de nous y arrêter plus longtemps ce serait vraiment faire injure au bon sens de nos lecteurs.

Arrivons à des objections plus sérieuses :

La loi prohibe et punit les paris sur la hausse et la baisse des effets publics, les jeux de bourse proprement dits ; mais elle n'interdit pas les marchés à livrer, qui

consistent à vendre une chose qui ne sera remise que
d'après certaines conditions arrêtées d'avance, et les
marchés à terme, qui sont une vente dont la livraison
est ajournée à un délai fixé.

Or, si la prohibition n'est pas absolue, comment dis-
tinguera-t-on le marché à terme interdit par la loi de
celui prohibé par elle, le marché à terme qui sera sin-
cère de celui qui ne le sera pas?

Interdirez-vous les *reports*, c'est-à-dire l'achat au
comptant ou fin courant et la vente simultanée fin courant ou fin prochain?

Ce serait porter une atteinte à la liberté des transactions, ce serait supprimer le droit pour prévenir l'a-
bus. Telle n'est pas notre intention, et cette façon bru-
tale de trancher les questions, de légaliser l'arbitraire
au lieu de résoudre la difficulté, n'est pas et ne sera
jamais la nôtre.

Nous pourrions dire que les reports sont un mode
de placement des fonds du particulier sur l'État qui
atteste la défiance, et auquel l'État conséquemment
n'est pas obligé de se prêter; nous pourrions ajouter
que ce mode de placement est appelé à tomber en désuétude aussitôt qu'il ne sera plus permis de violer ouvertement la loi et la jurisprudence qui punissent les
jeux de bourse; mais nous savons combien, en matière
de crédit surtout, la liberté veut et doit être respectée,
et quelque spécieuses que soient ces raisons, nous ne
les invoquerons pas.

S'il est des placeurs qui continuent à vouloir faire
des reports, qui se complaisent dans cette situation
d'être rentier sans l'être, il faut qu'ils le puissent. Pour-

quoi ne créerait-on pas une caisse spéciale des reports, des achats et des ventes de rentes; ou, si l'on ne voulait pas créer une caisse spéciale des reports, pourquoi ne chargerait-on pas la caisse d'amortissement de recevoir, soit l'inscription de rente achetée au comptant pour être livrée fin courant, soit les fonds nécessaires au payement de l'achat d'une inscription de rente fin courant livrable fin prochain? Toute satisfaction, toute garantie seraient ainsi données à la loi. Où serait l'inconvénient? Quelles seraient les objections? Qu'on nous les fasse connaître, nous les examinerons.

Mais supprimer les paris sur la hausse et la baisse des effets publics, c'est consommer la ruine de soixante agents de change dont plusieurs ont payé leur charge jusqu'à neuf cent cinquante mille francs. A cette dernière objection, nous pourrions répondre que la jurisprudence sur les jeux de bourse n'a jamais varié; qu'elle a toujours refusé formellement de les reconnaître; que, lors de leur création, les charges d'agents de change ont été données gratuitement par l'État; que les titulaires qui les ont acquises l'ont fait à leurs risques et périls, ne pouvant ignorer à quelles chances ils exposaient leur fortune et s'exposaient eux-mêmes. Cette réponse n'est pas celle que nous ferons; nous commencerons par reconnaître que, grâce à l'affermissement de l'ordre et de la paix, la passion des jeux de bourse s'est déjà considérablement attiédie; aussi, par cette cause et pour d'autres motifs, au nombre desquels nous mettons le prix excessif des courtages, les charges d'agents de change sont-elles successivement tombées de 750,000 francs à 400,000 fr. ; encore un pas, et elles n'auront plus que la valeur vénale qu'elles auraient si leurs titulaires se renfermaient étroitement dans les limites de l'institution et cessaient de contrevenir à la loi.

Ceci nous amène tout naturellement à notre conclusion. Si les agents de change ne faisaient pas d'autre opération que des opérations légales, que vaudraient leurs charges? — Ce prix équitablement fixé, nous voudrions que, soit par une loi, soit amiablement, le principe de l'expropriation pour cause d'utilité publique leur fût appliqué; que chacun d'eux reçût le remboursement du prix de sa charge, et que les agents de change, à l'avenir, ne fussent plus que des agents du trésor recevant de l'État un traitement fixe, et prêtant gratuitement leur ministère pour l'achat, la vente et le transfert des effets publics *français*.

Quant aux effets publics étrangers dont l'inscription sur la cote authentique aurait été autorisée, la négociation au comptant continuerait d'être passible d'un droit de commission fixé, et il pourrait n'être rien dérogé aux autres attributions de l'agent de change, qui consistent 1° à constater le cours des achats et ventes de matières métalliques; 2° à certifier le compte de retour des lettres de change ou billets à ordre protestés.

De l'adoption des idées qui viennent d'être exposées, et auxquelles on remarquera que nous nous sommes abstenu de mêler aucun des lieux communs contre l'agiotage, voici quelles seraient les conséquences :

La solidarité d'intérêt qui existe entre tout prêteur et son créancier, conséquemment entre tout rentier et l'État, s'étendrait chaque jour en s'abaissant; ce qui serait une double garantie que recevrait encore l'affermissement de l'ordre et de nos institutions ;

La rente française acquerrait ainsi une telle popularité, que dans quelques années il serait difficile de trouver un contribuable qui n'ait pas été, ou qui ne soit pas rentier sur l'État pour une somme quelconque ;

Le grand-livre ne tarderait pas à remplacer les caisses d'épargne, et à devenir la grande caisse d'épargne de tous les citoyens, sans distinction de classes ou de catégories de fortunes ; ce qui serait pour la solidité de notre crédit un immense avantage, puisque l'État cesserait d'être sous le coup de remboursements à courte et fixe échéance, remboursements qui, dans un moment de crise politique, peuvent devenir un grave danger et porter atteinte à l'admirable principe de la perpétuité de la dette publique ;

Enfin l'inscription de rente au porteur deviendrait tout naturellement le *billet à rente ;* elle prendrait insensiblement place dans beaucoup de transactions, et finirait, dans un grand nombre de cas, par se substituer au numéraire ; ce qui serait un grand problème résolu par la seule force des choses.

LA DETTE,

L'EMPRUNT ET L'IMPOT.

1843.

LA DETTE,

L'EMPRUNT ET L'IMPOT.

―――――

« *Emprunter est un moyen tout aussi sûr, plus sûr qu'un autre, de diminuer sa dette et de se libérer.* »

Cette proposition, que nous avons énoncée, étonne beaucoup les journaux, qui nous pressent de la développer, et qui nous interpellent en ces termes :

« Emprunter successivement et toujours, et se libé-
« rer par cela même qu'on emprunte, voilà un prodige
« qui dépasse ce qui nous a été donné d'intelli-
« gence. »

Cela est pourtant tout aussi simple, répondrons-nous, que le principe en vertu duquel nous avons pu réduire le prix d'abonnement des journaux de 50 0/0, bien qu'on ait prétendu, pendant plusieurs années, que cela était impossible. Cependant, les journaux qui coûtaient 80 fr. sont presque tous morts ou achèvent de s'éteindre, et il n'y a de prospères que ceux qui se sont fondés à 40 francs.

Nous allons essayer de mettre nos explications à la hauteur de l'intelligence des feuilles qui nous interrogent :

Un État, dans des circonstances critiques, a besoin d'un milliard ; le plus haut cours auquel il trouve à contracter son emprunt est 70 fr. par 5 fr. de rente. Il émet donc 71,428,570 fr. de rente 5 0/0, remboursables seulement au cours de 100 fr., ce qui le place exactement dans la situation d'un particulier qui aurait emprunté de l'argent à 7,14 0/0. Les circonstances changent ; l'argent qui était rare, devient abondant ; les prêteurs, qui avaient de la défiance, n'en ont plus : le crédit de cet État s'est fondé, il trouve maintenant à émettre des titres de rente 5 0/0 à 100 fr.; que doit-il faire ? — Nous répondons. Emprunter au plus tôt un milliard pour rembourser le milliard précédemment emprunté, car, au taux de 100 fr., il ne payera plus que 5 0/0 d'intérêt, au lieu de 7,14.

Le crédit de cet État s'affermit encore ; il peut émettre des rentes 4 0/0 au pair de 100 fr. Même opération: il contracte un troisième emprunt à l'aide duquel il se libère, et, sans augmenter le capital de sa dette, il en réduit ainsi successivement l'intérêt de 7,14 à 4 0/0, c'est-à-dire qu'au lieu d'avoir 71,428,570 fr. d'arrérages à payer, il n'aura plus que 40,000,000 d'intérêts à servir. — Différence, 31,428,570 fr.

Ce système adopté, il y persiste tant qu'il trouve à emprunter à un intérêt plus faible que celui auquel il a contracté précédemment.

Pour ne pas rendre la compréhension de ces exemples trop difficile, nous nous abstiendrons de rien ajouter qui pourrait les compliquer et d'entrer dans le détail de combinaisons qui consisteraient, par exemple, au lieu d'émettre purement et simplement 50 millions de rente 5 0/0 au pair de 100 fr., à emprunter 30 millions de rentes 3 0/0 au cours de 75 fr., offrant ainsi en échange d'une réduction d'un cinquième d'intérêt, la perspective de l'accroissement d'un quart sur le capital.

Mais les circonstances que nous venons d'indiquer ne sont pas les seules où un État puisse avoir intérêt et raison d'emprunter.

Un État manque de voies de communication :

Le défaut de voies de communication arrête le déve-loppement de son agriculture, de son industrie de son commerce, et par suite, empêche l'impôt de rendre tout ce qu'il pourrait donner sans aucun changement apporté à son assiette, sans aucune aggravation.

Cet état emprunte un milliard en rentes 3 0/0, à un cours plus ou moins avantageux ; il se grève ainsi de 50 millions d'arrérages à servir annuellement ; mais, par suite de l'emploi donné à cet emprunt, le produit de ses impôts s'élève de cinq cents à six cents millions ; qu'a-t-il fait ? — Il a fait ce que fait le banquier lors-qu'il emprunte de l'argent à 4 pour le prêter à 5 ; ce que fait tout commerçant qui doit l'origine ou le déve-loppement de sa fortune à la commandite qu'il a été assez heureux pour obtenir.

Toutes les fois qu'un emprunt a pour emploi des travaux utiles, directement ou indirectement produc-tifs, qu'est-ce donc autre chose en effet, sous un nom différent, qu'une avantageuse commandite?

10

Il y a longtemps que cette opinion est la nôtre, car
voici en quels termes nous l'exprimions le 15 septembre 1836 :

« Il y a un gouvernement qui de longtemps n'aurait
point à craindre la guerre et l'insurrection, et qui
pourrait agir librement avec ses alliés, ce serait celui
qui profiterait de la paix et de son crédit pour prendre
les devants sur les autres, et pour appeler par un emprunt immense, de toutes les extrémités du globe où
il y a des juifs, des Genevois et des Hollandais, tous
les capitaux nécessaires à la fécondation de son sol ;
avec cinq milliards, par exemple, savamment jetés
dans la circulation, le gouvernement français pourrait
gagner les quinze années très-difficiles qu'il aura à
traverser ; il pourrait résoudre toutes les difficultés
d'impôts et de budget ; il pourrait faire reprendre à l'industrie française l'avance qu'a sur elle l'industrie britannique, il pourrait entreprendre la solution des
grandes questions de morale publique et de bien-être
populaire. Ce qu'on pourrait faire avec cinq milliards
judicieusement employés d'après un plan débattu,
mais irrévocablement adopté, nous l'écrirons plus op-
portunément ; ce que pour terminer ces préliminaires,
nous nous bornerons à dire, c'est qu'un tel emprunt,
par le seul fait de son emploi, donnerait aussitôt les
moyens d'épargner sur le budget la rente annuelle nécessaire au service de ses intérêts, c'est qu'il contri-
buerait à consolider la dynastie régnante, la rendrait
puissante et populaire, préparerait un avenir glorieux
en faisant un présent paisible. Un pareil emprunt paraîtra sans doute exorbitant, et cependant ce n'est

point ce que coûterait à la France la guerre ou la révolution qu'il peut prévenir.

« Cette idée de faire commanditer la France par tous les capitaux étrangers, ne sera point comprise car c'est une idée qui a la prévoyance pour mère.

« Emprunter en temps de paix et de prospérité à un taux débattu et avantageux n'est pas une conception simple ; ce qui paraît plus simple et préférable, parce que c'est plus commun, c'est d'emprunter à usure lorsque la guerre est déclarée, quand une révolution a éclaté, ou bien encore quand il faut reconquérir le trône que l'on n'a pas su conserver. »

Plus tard, le 27 septembre 1838, nous disions à propos de l'état des finances d'Espagne :

«... Quelque riche qu'on le suppose, un banquier est sans importance si son nom ne vaut pas dix fois au moins les capitaux qu'il a ; sa puissance n'est pas en raison de ce qu'il possède, mais de ce qu'il doit ou de ce qu'il peut emprunter.

« Il en est ainsi des États ; leur prospérité est en raison du capital de leur dette ; ceux-là qui pensent que la ressource de l'impôt doit leur suffire marchent à leur ruine par une fausse entente de l'économie et par l'ignorance des principes du crédit. Il y a deux grandes catégories d'impôts : les contributions que perçoit l'État, et les dépenses que sous mille formes on acquitte sans s'en rendre compte, et qu'on n'aurait pas à payer avec un ordre de choses plus parfait. Le pays le plus imposé en apparence n'est pas toujours celui qui l'est le plus en réalité. Un État qui contracte utilement un

emprunt accroît toujours ses revenus dans une proportion plus forte que ses charges; c'est cette différence
qui fait sa prospérité, et qui allége d'autant plus le fardeau porté par les contribuables. La dette d'un État est
l'expression de son crédit : si l'intérêt qu'il paye est faible, et que le capital qu'il doit soit considérable, on peut
être assuré qu'il est dans une situation normale et floris-
sante; le capital nominal de sa dette fait l'importance
de son actif; il représente toutes les améliorations dont
les avances ont été faites par l'emprunt.

« Les rapports de l'impôt et de l'emprunt ne sont
pas encore assez généralement connus. L'emprunt est
à l'impôt ce que la semence est à la récolte.

« Un doublon qui passe par trois mains vaut mieux,
économiquement parlant, que trois doublons qui
restent dans une. Considéré comme agent de la circulation, l'impôt est un bienfait ; il remplit l'office de la
pompe aspirante qui va puiser dans les entrailles de la
terre l'eau qui doit ensuite féconder sa surface. »

L'emprunt, quand il est une nécessité qu'un État subit, ne se discute pas; mais autrement, il est, avant
tout, une question d'emploi judicieux, d'utilité relative, d'avantages comparés; un État n'emprunte jamais
trop, n'emprunte jamais assez, toutes les fois que l'argent qui lui est prêté lui rapporte plus qu'il ne lui coûte.

« Comment un système qui ferait racheter à 150 fr.
« et même à un cours plus élevé des rentes émises au
« taux moyen de 75 fr. 80 centimes, pourrait-il, *judi-*
« *cieusement* mis en pratique, enrichir un pays qui au-

« rait son crédit à fonder, beaucoup de voies de com-
« munication à ouvrir et de grands travaux d'utilité
« publique à exécuter ? »'

A cette question qui nous est faite, voici notre réponse :

Dans ce système, que nous avons tout de suite déclaré n'être pas le nôtre, et dont, conséquemment, la
défense nous trouve entièrement désintéressés, il faut
commencer par admettre que le 5 0/0, qui est aujour-
d'hui à 122 fr., aurait depuis longtemps atteint le
cours de 150 fr., si la loi du 1er mars 1825 et la loi du
10 juin 1833 ne lui avaient pas assigné la fatale limite
du *pair*, au-dessus duquel il a été déclaré remboursable,
et au-dessus duquel l'amortissement, qui était propre à ce fonds, a cessé de lui être appliqué pour recevoir une autre destination. La compression du 5 0/0,
par la menace du remboursement qui est constamment
suspendue sur lui, est un fait qui n'est contesté par personne. Or quel intérêt représente le 5 0/0 au prix de
150 fr. ? 3, 33. Donc, le jour où le 5 0/0 aurait atteint ce
cours, nul doute que l'État ne trouvât facilement des
fonds à l'intérêt de 3 1/2 (1). Dans ce cas, qu'aurait-il
à faire de mieux que de chercher, par des emprunts successifs, à abaisser la moyenne de l'intérêt des emprunts
antérieurs ? Nous avons supposé plus haut que, pour
se procurer un milliard, un État, n'ayant trouvé à contracter d'emprunt qu'au cours de 70 fr. par 5 fr. de
rentes, avait dû émettre 71,428,570 fr. de rentes
5 0/0 ; ce qui le plaçait exactement, disions-nous, dans

_____

(1) A 150 fr., le 5 p. 0/0 représente un intérêt de 3,57.

la situation d'un particulier qui aurait emprunté de l'argent à 7,14 0/0. Continuons notre supposition en admettant que cet État se fût interdit tout droit de se libérer autrement que par l'action successive de l'amortissement, système soutenu par MM. Ouvrard, et qui a trouvé un puissant défenseur dans M. de Lamartine, dont le remarquable discours contre le droit de remboursement des rentes, prononcé dans la séance du 19 avril 1858, obtint un si immense succès. C'est dans ce discours, l'un de ses plus éloquents, qu'on trouve ces belles définitions, ces hautes maximes :

« Le crédit est né parmi nous le même jour que la liberté, le même jour que le gouvernement représentatif.

« Le crédit est le sentiment de l'inviolabilité du droit individuel dans la fortune comme dans la personne du citoyen.

« Le crédit est la confiance de tous dans tous.

« Le crédit est le patriotisme de l'argent.

« L'argent n'a pas de cœur, mais il a de la mémoire.»

Voilà donc, disons-nous, un État qui a emprunté de l'argent à 7,14 0/0, et qui s'est interdit ou qui ne se reconnaît pas le droit de se libérer vis-à-vis de ses créanciers par voie de remboursement, même en leur donnant 100 fr. pour 70 fr. qu'il aura reçus d'eux. Évidemment, si par suite de l'amélioration de son crédit, le même État trouve à emprunter à 5,50, au lieu de 7,14, en bloc ou successivement, une somme égale à la première, la moyenne de l'intérêt dont il sera chargé ne sera plus alors que de 5,52. Il va sans dire que la question de l'abaissement de la moyenne de l'intérêt est subordonnée à la question de l'emploi des emprunts, et que notre hypothèse ne s'applique qu'aux États où il reste encore à exécuter des travaux utiles et suscep- tibles de donner directement ou indirectement un pro- fit plus grand que le loyer des capitaux. Or, l'Angle- terre exceptée, quel est le pays qui, trouvant aujourd'hui de l'argent à 3 1/2, n'aurait pas avantage à l'emprun- ter à ce taux, ne fût-ce que comme intermédiaire et pour le prêter à l'agriculture, ne fût-ce que pour per- fectionner le régime hypothécaire et constituer le crédit foncier ?

Encore une fois, ce système n'est pas le nôtre ; mais il se conçoit, s'explique et se défend ; sans doute il a pour conséquence de faire porter aux États le poids d'une dette considérable : mais il n'y a pas de pesanteur absolue ; toute pesanteur est relative, et l'exemple de l'Angleterre, qui paye régulièrement les arrérages d'une dette de vingt milliards, est là pour l'attester.

La dette publique de la France ne s'élève qu'au quart de cette somme. En faut-il conclure que, parce que nous devons moins que l'Angleterre, nous soyons plus riches qu'elle ? Ce n'est pas notre avis, loin de là ; nous som- mes du petit nombre de ceux qui pensent que, si la France pouvait escompter l'avenir, que s'il lui suffisait de doubler le chiffre de sa dette, de le porter de 167 millions de rentes (1) à 335 millions, pour mettre im- médiatement ses voies de communication, ses ports, sa marine, son agriculture, son commerce, son indus- trie, en état de soutenir la comparaison et la concur-

_____

(1) Rapport de M. le marquis d'Audiffret sur le budget des dé- penses. (Rentes dont le capital reste à racheter ou à rembourser.

rence avec l'Angleterre, elle devrait le faire sans hésiter et ferait encore un bon marché. Bien qu'augmenté du poids de 167 millions, son budget, loin de peser plus lourdement sur elle, lui serait plus léger. Qu'est-ce que l'emprunt? L'emprunt, c'est l'escompte de l'impôt.

Osez donc demander à l'emprunt tous les fonds qui vous sont nécessaires pour l'exécution des grands travaux publics qui doivent concourir à la prospérité et à la grandeur de l'avenir; mais n'empruntez que lorsque les temps sont calmes et les capitaux abondants. Voilà nos deux maximes que nous ne séparons pas l'une de l'autre; si on les eût appliquées judicieusement, franchement, au lieu de se cacher dans les détours de l'amortissement et de sa réserve, il y a longtemps que nos budgets se solderaient par des excédants de recettes, au lieu de fournir chaque année un nouveau prétexte à toutes ces doléances banales sur des déficits qui sont plus apparents que réels, à tous ces lieux communs dans lesquels nous avons été étonné de voir tomber un esprit aussi distingué, un financier aussi habile que M. le marquis d'Audiffret. Rapporteurs du budget, dirons-nous ici en passant, soyez impitoyables envers les dépenses inutiles, recherchez-les toutes, n'en omettez aucune, signalez-les sévèrement à la réprobation des chambres, poursuivez-les à outrance, jusqu'à ce que vous en ayez obtenu le retranchement; mais abstenez-vous de ces accusations irréfléchies, de ces avertissements vagues qui trouvent toujours un écho si sonore! Le mal qu'ils peuvent faire, la force qu'ils donnent à la mauvaise foi des partis et à l'igno-

rance des journaux est incalculable. Au dehors, ces vai-
nes doléances affaiblissent la nation; au dedans, elles
désaffectionnent le peuple, ébranlent le crédit, et per-
suadent au contribuable, si facile à égarer, que l'argent
dont il lui a tant coûté de se séparer est livré au gas-
pillage et à la dilapidation.

Comme on ne manquera sans doute pas de contester à l'emprunt les avantages que nous lui attribuons,
nous allons tâcher de faire bien comprendre toute la
différence qu'il y a entre l'impôt et l'emprunt, lorsqu'il
s'agit d'exécuter de grands travaux publics, dont le
présent doit moins profiter que l'avenir.

Un milliard environ a été dépensé depuis dix ans en
travaux publics; ce milliard, à l'exception du premier
tiers réalisé de l'emprunt du 18 octobre 1841, a été
demandé à l'impôt; peu importe qu'on l'ait appelé *réserve de l'amortissement* ou autrement; on a pu changer son nom, mais on n'a pas pu changer son origine.
Restent donc 850 millions, c'est-à-dire 100 millions
environ par an qui ont été prélevés sur les contribuables pour être dépensés en travaux publics. Or nous
supposons qu'au lieu de demander ces 850 millions à
l'impôt, on les eût demandés à l'emprunt, que serait-il
arrivé? — Ce qui serait arrivé, le voici : c'est que
850 millions, même à 5 0/0, n'auraient grevé le budget
que d'une charge annuelle de 42 millions et demi, au
lieu de 100 millions. — Différence, 57 millions et
demi. A la vérité, cette charge aurait été perpétuelle
au lieu d'être temporaire; mais elle n'en aurait été que
plus équitablement répartie et plus facilement suppor-
tée. Il faudrait n'avoir aucune intelligence des chiffres,

n'avoir jamais jeté les yeux sur un budget pour ne pas comprendre tout de suite l'ordre que ferait régner immédiatement dans nos finances cette simple distinction entre l'impôt et l'emprunt, si elle était rigoureusement observée, si chacun de ces deux agents de la richesse publique ne remplissait jamais que le rôle qui lui appartient, s'il n'y avait jamais entre eux ni empiétement ni confusion :

A l'*impôt*, de supporter toutes les charges résultant de la dette, des services publics et de toutes les dépenses purement d'entretien ;

A l'*emprunt*, de subvenir à toutes les avances de fonds réclamées pour l'achèvement, le complétement et le perfectionnement de nos voies de communication, — routes, canaux et chemins de fer, — la mise en parfait état de nos ports, l'augmentation de notre matériel militaire et naval, les améliorations, les réformes et les expériences ayant surtout l'avenir pour objet.

Qu'on supprime la dotation et la réserve de l'amortissement, et qu'on applique au budget de 1845 la distinction que nous venons d'indiquer, et non-seulement les découverts et les déficits auront disparu sans retour, mais il y aura des excédants de recettes qui seront d'autant plus considérables que les dépenses du département de la guerre auront été ramenées à un chiffre plus en rapport avec l'époque dans laquelle nous vivons, les tendances de notre politique et les idées de notre temps.

Ces excédants de recette permettraient successivement de dégréver l'impôt foncier, mesure populaire qui donnerait au gouvernement plus de force et plus de solidité que ne lui en donneront jamais les fortifications et tous les régiments légués au ministère du 29 octobre par le ministère du 1er mars; ils permettraient de modérer certaines taxes qui arrêtent la consommation, et qui, si elles étaient plus faibles, seraient plus productives; ils permettraient d'en supprimer d'autres qui sont des anachronismes fâcheux; ils permettraient enfin de réaliser des améliorations importantes qu'il faut désespérer d'obtenir, aussi longtemps qu'on fera boiter péniblement nos finances, et qu'on n'aura pas donné à l'emprunt la place qu'il doit occuper à côté de l'impôt.

L'emprunt est le contre-poids de la dette; il y a donc entre l'un et l'autre des rapports nécessaires qu'il faut savoir établir; c'est l'étude approfondie, c'est la connaissance exacte de ces rapports qui constitue le grand, le véritable financier.

En temps de paix : la dette, l'impôt et l'emprunt représentent, dans l'ordre économique, ce que représentent dans l'ordre naturel le passé, le présent et l'avenir. Chacun des trois doit porter équitablement sa part du fardeau ; autrement nous resterions toujours dans cette étroite alternative, ou d'entretenir constamment des découverts qui donneront lieu à d'éternelles déclamations funestes au crédit national, ou de les faire disparaître, mais au préjudice du développement de la richesse publique.

Juillet 1843.

DE L'AMORTISSEMENT.

1843.

DE L'AMORTISSEMENT.

Après avoir souvent insisté sur la nécessité d'abolir l'amortissement, *le National* se rétracte en ces termes :

« Nous dirons à *la Presse* que nous ne sommes pas
« complétement d'accord avec elle comme elle le croit,
« sur la nécessité d'abolir l'amortissement. Nous vou-
« drions supprimer seulement l'amortissement qui
« n'amortit pas, et sert, au contraire, à augmenter la
« dette en raison composée ; mais si le fonds d'amor-
« tissement servait à éteindre les obligations de l'État,
« nous pourrions le regarder comme de l'argent par-
« faitement bien placé. »

Qu'entend *le National* par ces mots ? — « Nous ne
« voulons pas abolir l'amortissement, nous voudrions
« supprimer *seulement* l'amortissement qui n'amortit
« pas. »

Les recettes de l'amortissement se sont élevées, en 1842, à la somme de 124,724,018 fr. 29 c. sur la-quelle somme 25,428,655 fr. 35 c. seulement ont été employés en rachats de rentes, savoir :

948,257 fr. 5 0/0 au taux moyen de 79 fr. 71 c.

6,876 fr. 4 0/0 au taux moyen de 101 fr. 15 c.

Le surplus de cette somme, soit 99,295,364 fr. 94 c., a été affecté à des consolidations diverses de 5, 4 1/2 et 4 0/0, ou forme l'encaisse au 31 décembre 1842.

De ce qui précède, il résulte d'abord évidemment ceci, que, par suite de la loi du 1er mai 1825 et de la loi du 10 juin 1833, les quatre-cinquièmes du fonds d'amortissement n'amortissent pas; or, *le National* « voulant supprimer *seulement* l'amortissement qui « n'amortit pas » (le mot *seulement* est bien choisi!), il n'y a donc que sur le dernier cinquième que nous serions en désaccord avec cette feuille. Il faut avouer que cela ne valait guère la peine de se donner à soi-même un démenti pour le petit plaisir de contredire un adversaire. Ceci péremptoirement établi par des chiffres, que *le National* veut la suppression des quatre-cinquièmes *seulement*, et non celle de la totalité du fonds d'amortissement, voyons s'il a raison de « *regarder comme de l'argent bien placé* le fonds d'a-« mortissement qui sert à éteindre les obligations de « l'État. »

948,237, 3 0/0 au taux moyen de 79,71, ayant coûté, en 1842 (1), à racheter la somme de 25,194,657, combien aurait coûté à racheter la même somme de rente 5 0/0, au taux moyen de 120 fr.? — 22,757,688.

Différence au préjudice du trésor public : 2,436,969 francs.

Pourquoi la caisse d'amortissement a-t-elle acheté

_____

(1) Rapport fait aux chambres par la commission de surveillance de la caisse d'amortissement, le 16 juin 1842.

de préférence du 3 0/0 au cours de 79 fr. 71 c. au lieu d'acheter du 5 0/0 au cours correspondant de 120 fr., ce qui eût procuré au trésor public une économie de 2,436,969 fr. Pourquoi? — Parce que l'art. 3 de la loi du 1er mai 1825, renversant de fond en comble tout le système de l'amortissement, a formellement dé- « crété qu'à dater de la publication de la présente loi, « les sommes affectées à l'amortissement ne pourront « plus être employées au rachat de fonds publics dont « le *cours serait supérieur au pair,* » et que l'art. 1er de la loi du 10 juin 1833, en maintenant dans toute sa vigueur l'art. 3 de la loi du 1er mai 1825, a défini le pair en ces termes : « *Le pair se compose du capital no-* « *minal, augmenté des arrérages du semestre courant.* »

D'après ces définitions, la caisse d'amortissement pourrait légalement racheter 3,000 fr. de rentes au cours de 101 fr. 50, qui lui coûterait 101,500 fr., et il lui serait légalement interdit de racheter 3,000 fr. de rentes 5 0/0 au cours de 103 fr. qui ne lui coûteraient que 51,800 fr. : — différence au préjudice du trésor public 39,700 fr., et qui s'élèverait à la somme exorbitante de *trois cent quatre-vingt-dix-sept millions de francs,* si la même opération avait seulement lieu sur trente millions de rentes.

Voilà l'absurde état de choses qu'ont d'abord créé la loi du 1er mai 1825 et les financiers de la restauration, qu'ont ensuite maintenu la loi du 10 juin 1833 et les financiers de la révolution de juillet, et que défend aujourd'hui *le National,* après l'avoir souvent et justement attaqué !

Le National trouve bon que la caisse d'amortisse-

ment achète des rentes 3 0/0 au taux moyen de
79 fr. 71 c., quand il lui est interdit par la loi d'acheter
des rentes 5 0/0 au cours correspondant de 120 fr. !
Le National recevrait ses inspirations du ministre des
finances qu'il serait absolument de la même force.

En ce qui concerne l'institution de l'amortissement,
nous n'admettons que les deux opinions absolues : —
ou la suppression de l'amortissement, et cette opinion
est la nôtre, ou le retour à la législation antérieure à
la loi du 1er mai 1825, c'est-à-dire l'amortissement
opérant sans distinction de la rente au-dessus ou au-
dessous du pair, et cette opinion est celle que M. Jules
Ouvrard, sous les inspirations de son père, a exposée
et défendue avec talent dans deux écrits qui ont paru
en 1838, à l'époque où fut agitée la question de remboursement de la rente. La conséquence de ce dernier
système peut être de faire racheter à l'État, au cours
de 150 fr., et même à un cours plus élevé encore, des
rentes qui furent émises par lui au taux moyen de
73 fr. 80 ; mais enfin ce système se conçoit, s'explique et se défend; il doue les États qui l'appliquent
d'une immense puissance d'emprunter, et s'ils savent
l'exercer judicieusement, ils peuvent, par des emprunts successifs, élever dans une assez forte proportion la moyenne des divers taux d'émission. Ce système, largement compris, fermement observé, offre
incontestablement des avantages aux États qui ont
leur crédit à fonder, beaucoup de voies de communication à ouvrir, de grands travaux d'utilité publique
à exécuter ! Il peut créer des prodiges ! Emprunter
est un moyen tout aussi sûr, plus sûr peut-être qu'un

autre de diminuer sa dette, de se libérer. C'est ce qu'il serait facile de démontrer. Mais ce qui ne saurait ni se comprendre, ni s'expliquer, ni se défendre, c'est le régime bâtard de notre amortissement, qui est une complication et qui n'est plus un système, un amortissement qui est encore plus insensé et plus ruineux lorsqu'il opère que lorsqu'il se repose. Aussi est-ce avec raison que M. le comte Roy, dans son rapport à la chambre des pairs du 8 juin 1838, a imprimé ces mots funèbres qui resteront : « *La législation de l'a-mortissement n'existe plus.* »

Que *le National* s'explique donc nettement sur ce qu'il veut, s'il le sait, ce dont il nous est permis de douter. Veut-il la suppression de l'amortissement telle que nous la voulons? Veut-il l'institution de l'amortissement libre dans son essor telle que la veulent MM. Ouvrard? — Ou veut-il enfin l'état de choses qui, à défaut de nom dans la science financière, porte la signature de M. de Villèle et la date du 1er mai 1825?

Quelles qu'elles soient, les explications du *National* que nous provoquons ne peuvent être qu'utiles, si elles servent à ramener à sa simplicité primitive une question que nos financiers et nos législateurs se sont donné bien de la peine à compliquer, si elles servent à faire faire justice par le bon sens public d'un non-sens qui déshonore nos finances.

Passons :

Le National ajoute que « présenter aux rentiers sur « l'État un accroissement de capital en compensation « d'une réduction de leur intérêt n'est pas une idée « neuve. » Assurément ce n'est pas une idée neuve ;

aussi n'avons-nous pas eu la prétention de la présenter comme telle, mais simplement comme une idée juste, et *le National*, quand il veut l'expliquer, ne réussit qu'à laisser voir jusqu'à quel point des publicistes tranchants peuvent avoir l'esprit faux et superficiel, et ignorer les matières qu'ils traitent. Une dernière fois pour toutes, répétons-le, nous ne croyons pas aux idées neuves, il n'y en a plus depuis longtemps; mais nous croyons encore à l'existence des idées justes et nous avons en elles une foi entière.

« Nous ne voulons pas, comme *la Presse*, la suppression absolue de l'amortissement ; mais nous voulons la *suspension* de l'action d'une institution qui, dans l'état actuel du crédit public, n'est pas indispensable et coûte des sommes énormes au seul profit de quelques banquiers.

« Le mot *suspension* est ici presque tout un système, bon ou mauvais; *c'était une sorte de conclusion* que nous avions posée *hors de son lieu* peut-être, mais pour désarmer d'avance les exigences d'un adversaire... Parler de la *suspension* de l'amortissement, c'est dire qu'on ne veut pas briser cet admirable appui du crédit; c'est dire qu'on peut appliquer à la libération de la dette les excédants de revenus des budgets; *c'est*, nous le répétons, *tout un système*. »

Ainsi s'exprime le journal *la France*, qui ne sait comment sortir de la discussion sur l'amortissement, dans laquelle il est intervenu inconsidérément. Autant de mots, autant d'erreurs, de contradictions ou de non-sens.

Entre la suppression et le maintien de l'amortissement, entre les idées absolues exposées par MM. Ouvrard et celles entièrement opposées que nous défendons, il n'existe pas, il ne peut pas exister de système intermédiaire, quoi qu'en dise *la France*, qui trouve *calamiteux* le régime de la loi de 1833, et qui veut absolument qu'on en revienne à celui de la loi de 1825.

Mettons en présence les deux régimes, afin que le lecteur puisse les comparer et s'en bien rendre compte:

Loi VILLÈLE du 1er mai 1825.

Art. 2. Les rentes qui seront acquises par la caisse d'amortissement, à dater du 22 juin 1825, jusqu'au 22 juin 1830, *seront rayées du grand-livre* au fur et à mesure de leur rachat, et annulées au profit de l'État, ainsi que les coupons d'intérêt qui y seront attachés au moment où elles seront acquises.

Art. 3. A dater de la publication de la présente loi, les sommes affectées à l'amortissement ne pourront plus être employées au rachat des fonds publics *dont le cours serait supérieur au pair.*

Loi HUMANN du 10 juin 1833.

Art. 4. Le fonds d'amortissement appartenant à des rentes dont le cours serait supérieur au pair *sera mis en réserve.* A cet effet, la portion, tant de la dotation que des rentes amorties, applicable au rachat de ces rentes, laquelle est payable chaque jour par le trésor public, sera acquittée à la caisse d'amortissement en un bon du trésor portant intérêt à raison de 5 p. 100 par an jusqu'à l'époque du remboursement.

Art. 5. Dans le cas où le cours des rentes redescendrait au pair, les bons délivrés par le trésor public deviendront exigibles et seront remboursés à la caisse d'amortissement, successivement et jour par jour, avec les intérêts courus jusqu'au remboursement, en commençant par le bon le plus anciennement souscrit. Les sommes ainsi remboursées seront employées, au rachat des rentes, auxquelles appartiendra la réserve, tant que leur prix ne s'élèvera pas au-dessus du pair.

Maintenir la dotation de la caisse de l'amortissement, mais rayer du grand-livre au profit de l'État les rentes qu'elle rachète, voilà toute l'économie de la loi de

12

M. de Villèle. Très-bien ; mais, encore une fois, dans ce renversement du système de l'amortissement que devient la puissance de l'intérêt composé, puisque les rentes rachetées sont annulées ; que deviennent tous les calculs établissant que, moyennant 1 p. 0/0 d'amortissement, une rente émise à 5 p. 0/0 d'intérêt se rachète au pair en 36 ans et 6 mois? La loi de M. de Villèle n'a-t-elle pas pour effet d'obliger la caisse d'amortissement à racheter, ainsi qu'elle a dû le faire en 1842, du 3 p. 0/0 au cours de 79 fr. 71, et de lui interdire de racheter du 5 p. 0/0 au cours correspondant de 120 fr. lorsque cinq millions de rente 3 p. 0/0 à 79 fr. 71 coûtent 132,850,000 fr., tandis que cinq millions de rente 5 p. 0/0 à 120 fr. ne coûteraient que 120,000,000 francs? Différence : 12,850,000 fr. au préjudice du trésor public.

Les art. 2 et 3 de la loi du 1er mai 1825 ont tué l'amortissement proprement dit, et n'ont plus fait de sa dotation qu'un *fonds de réserve* agissant éventuellement quand les fonds dotés tombent au-dessous du pair.

Quant à la loi de M. Humann, du 10 juin 1833, il faut lui rendre la justice de reconnaître qu'elle violait moins ouvertement que la loi de M. de Villèle du 1er mai 1825, les principes fondamentaux de l'amortissement. Si elle empêchait l'action de l'intérêt composé de s'exercer, du moins elle constituait le trésor public débiteur du montant de ses bons, qui devenaient successivement exigibles aussitôt que le cours des rentes redescendait au pair. Mais cet état de choses, qui était déjà une modification de ce qu'avait fondé la loi du 28 avril 1816, a été à son tour changé par la loi du 20 mai 1837 *portant création d'un fonds extraordinaire pour les travaux publics*, et déclarant art. 3 :

« Les rentes qui auront été créées pour l'exécution
« de ces travaux pourront être données en échange
« des bons du trésor dont cette caisse se trouvera
« propriétaire aux termes de la loi du 10 juin 1833 ;
« cette consolidation sera opérée au cours moyen et
« avec jouissance du premier semestre pendant lequel
« les rentes auront été transférées à la caisse d'amor-
« tissement. »

Par cette loi, on le voit, la caisse d'amortissement reçoit une attribution toute nouvelle : ses opérations ne se bornent plus à des rachats, ainsi que le lui pres-crivait expressément l'article 6 de la loi de 1833 ; elle fait maintenant ce que fait un banquier lorsqu'il se rend adjudicataire ou concessionnaire d'un emprunt.

Nous n'attaquons pas cette disposition de la loi du 20 mai 1837, nous nous bornons à la rappeler à l'appui de ces mots de M. Roy : « *La législation de l'amortissement n'existe plus.* »

La France dit qu'elle veut la *suspension* de cet état de choses ; qu'entend-elle par ce mot de *suspension?* Pourrait-elle le dire?

Pour annuler des rentes comme le voulait la loi du 1er mai 1825, il faut commencer d'abord par en ra-cheter; or, cette loi ayant expressément interdit tout rachat de fonds publics au-dessus du pair, *la France* voudrait-elle donc qu'on appliquât toute la puissance de l'amortissement au rachat du 3 p. 0/0 dont le fonds

n'atteint pas 50 millions de rente? A-t-elle réfléchi à
quel cours cela aurait pour effet d'élever ce fonds,
quand, à 79 fr. 71, il est déjà plus cher que le 5 p. 0/0 à
120 fr. ? Cela n'aurait pas de sens. Que *la France* explique donc ce qu'elle veut, si elle le peut.

Qu'entend-elle par ces mots, que ce qui a lieu en
vertu de la loi du 10 juin 1833 et de la loi du 20 mai
1837, *coûte des sommes énormes au seul profit de quelques banquiers ?*

Les chambres votent de certains travaux publics
pour le payement desquels le gouvernement émet des
rentes qu'il délivre à la caisse d'amortissement. Où *la
France* peut-elle voir là qu'aucun banquier fasse un
profit quelconque? Il existe déjà assez de sujets de
juste accusation contre l'administration de nos finances
pour n'en pas inventer de faux et d'imaginaires.

Si le gouvernement n'empruntait pas à la caisse
d'amortissement les fonds nécessaires à l'exécution
des travaux publics, il faudrait qu'il les demandât,
soit à l'emprunt, soit à l'impôt, ce qui reviendrait absolument au même. Au lieu de prendre ces
fonds dans une caisse qui s'appelle *trésor public,*
il les prend dans une *caisse d'amortissement*, voilà
tout. Ce qu'on peut dire ici avec fondement contre
la caisse d'amortissement, c'est qu'elle est une complication de nos finances, c'est qu'elle en obscurcit
la clarté; et, en matière de crédit public, rien n'est
jamais trop simple ni trop clair; toute complication
est funeste. Le crédit public, c'est, en d'autres termes,
la confiance populaire, et, lorsqu'il s'agit d'argent, elle
est plus souvent récalcitrante qu'aveugle ; avant de

croire, elle veut comprendre, et, pour peu que cela doive lui coûter quelque effort, elle trouve plus sûr, plus commode et plus expéditif de se défier et de garder son argent. Nous voulons donc la suppression de l'amortissement ; premièrement, parce qu'il n'est plus l'amortissement, quand il est privé de la puissance de l'intérêt composé ; deuxièmement, parce qu'il complique nos finances quand il cesse de fonctionner ; troisièmement, parce qu'il y jette la perturbation, quand, à l'abri d'une fausse dénomination, il opère sur certains fonds et n'opère pas sur d'autres, bien qu'également pourvus d'une dotation.

Une dernière preuve que *la France*, en traitant la question de l'amortissement, ne sait pas ce dont elle parle, c'est cette phrase de son article : « Parler de la « *suspension* de l'amortissement, c'est dire qu'on ne « veut pas briser cet admirable appui du crédit, c'est « *dire qu'on peut appliquer à la libération de la dette les* « *excédants de revenus des budgets.* » Qu'ont de commun avec l'institution de l'amortissement les excédants de revenus des budgets? Le jour où l'Angleterre a déclaré qu'elle n'appliquerait plus à la réduction successive de sa dette que l'excédant de ses recettes sur ses dépenses, n'est-ce pas le jour précisément où elle a aboli, en 1827, l'amortissement? C'est là ce que nous demandons ; nous demandons que la France imite l'Angleterre, qu'elle supprime l'institution de l'amortissement ; nous demandons plus : nous demandons qu'elle profite du premier moment propice où elle aura mis dans toutes ses dépenses la plus stricte économie, dans ses finances le plus grand ordre, où toute éventualité de guerre sera plus que jamais éloignée et improbable, où les capitaux, enfin, seront abondants et embarrassés de trouver un placement solide, pour contracter un grand emprunt qui lui permette d'achever rapidement tout son système de voies de communication, de faire à ses ports tous les travaux qu'ils exigent, de réformer plusieurs taxes mal établies, afin que l'impôt fécondé par l'emprunt produise tout ce qu'il peut donner; et quand la France n'aura plus à faire face qu'à des travaux d'entretien ou d'embellissement, oh! alors, mais alors seulement, qu'elle applique annuellement l'excédant de ses recettes sur ses dépenses à la réduction de sa dette : ce sera là une opération opportune et morale, à laquelle la science n'aura rien à reprendre, et dont le contribuable n'aura qu'à s'applaudir. Ce ne sera pas l'amortissement artificiel auquel Price a attaché son nom, mais celui-là sera le bon.

Juillet 1845.

SIMPLE MOYEN

D'EXÉCUTER

TOUS LES GRANDS TRAVAUX D'UTILITÉ PUBLIQUE.

1844.

SIMPLE MOYEN

D'EXÉCUTER

TOUS LES GRANDS TRAVAUX D'UTILITÉ PUBLIQUE,

D'ÉTEINDRE TOUS LES DÉCOUVERTS DES BUDGETS, DE
CONSOLIDER LA DETTE FLOTTANTE ET D'OPÉRER
LA RÉRÉQUATION DE L'IMPÔT FONCIER.

Ce moyen est tout simple : 1° abolir l'amortissement
en principe ; 2° convertir sa dotation, qui est de
46,526,683 fr., en rentes qui, à 4 p. 0/0, représente-
raient un capital de 1,163,167,075 fr. ; 3° affranchir
sa réserve, qui est de 56,607,000 fr., représentant un
capital de 1,415,175,000 fr.; ensemble : *Deux milliards
cinq cent soixante-dix-huit millions trois cent quarante-deux mille soixante-quinze francs.*

Mais, dit-on, la faculté d'emprunter a ses limites.
Sans doute ; aussi ne s'agit-il pas de demander immédiatement deux milliards et demi à l'emprunt ; on
n'aurait à les lui demander que successivement, au fur et
à mesure des besoins, et rien n'empêcherait qu'on ne
les lui demandât sous diverses formes, selon les diverses classes de prêteurs auxquelles on s'adresserait,
selon qu'on traiterait avec les gros capitalistes ou les
petits placeurs, avec les intermédiaires ou avec le public.

Vous demandez annuellement à l'*impôt* 103,133,683 francs sous le nom d'amortissement, demandez successivement à l'*emprunt* 2,500,000,000 de francs ; les contribuables n'en payeront ni plus ni moins, et vous pourrez :

Rester maîtres des chemins de fer dont les tarifs sont appelés à exercer une influence décisive sur le sort de votre industrie, de votre commerce et de votre marine ;

Racheter vos canaux et terminer ceux qu'il serait encore avantageux d'achever ;

Finir vos routes royales ;

Améliorer la navigation de vos fleuves et de vos rivières ;

Mettre en bon état vos ports ;

Approvisionner vos arsenaux, vos magasins et vos chantiers ;

Éteindre tous vos découverts ;

Consolider votre dette flottante ;

Faire disparaître les révoltantes inégalités qu'une vicieuse répartition de l'impôt foncier fait peser depuis trop longtemps sur certains départements, au mépris de l'article 2 de la Charte.

Alors, on verrait ce qu'est une grande nation comme la France, quand elle veut ce qu'elle peut ! !

Juin 1844.

D'UN IMPOT SUR LES RENTES.

1843.

D'UN

IMPOT SUR LES RENTES.

NATIONAL, 8 juillet 1843.

« *Il y aurait à craindre qu'une retenue sur la rente n'ébranlât le crédit public.* Nous devons reconnaître, en outre, que, les rentes ayant été constituées libres d'impôt, on ne peut changer les conditions de leur établissement sans le consentement des rentiers. »

NATIONAL, 11 juillet 1848.

« L'équité, le bon sens, la constitution veulent que chacun contribue aux charges publiques en raison de ses revenus. *En vertu* de ce principe, *la rente doit payer tous les impôts qu'acquitte la propriété foncière.* »

Voilà comment le lendemain *le National* se souvient de ce qu'il a écrit la veille !

A cette dernière opinion du *National*, nous ne pouvons en opposer une ayant plus d'autorité que celle de Mirabeau, dont nous engageons *le National* à lire l'admirable discours prononcé le 24 octobre 1790 pour combattre la motion d'établir une contribution sur les rentes, faite par Lavenue et amendée par Barnave. Quant à nous, nos idées sont fort simples ; lorsque nous nous élevons contre ce principe du *National* : « que la rente doit payer tous les impôts qu'acquitte « la propriété foncière ; » lorsque nous ajoutons que les inscriptions de rentes perpétuelles ne sauraient jouir de trop d'immunités, que voulons-nous? Nous

13

voulons que dans les circonstances graves, l'État, en raison même des avantages qu'il offre aux rentiers, soit toujours assuré de pouvoir se procurer de l'argent contre une émission de rentes, et que dans les temps prospères, les capitaux s'offrent à lui en telle abondance et à si bon marché, qu'ils lui permettent, soit successivement, soit simultanément, de réduire l'intérêt de sa dette et d'accroître par des travaux utiles la richesse publique ; aussi ne voulons-nous pas que l'État compromette une ressource extrême qu'il possède, celle d'émettre des titres jouissant de certains priviléges, aussi ne voulons-nous pas qu'il affaiblisse une faculté précieuse, celle de pouvoir emprunter presque indéfiniment.

Le National ne pardonne pas à la rente les priviléges dont il prétend qu'elle jouit. Sans doute, les rentes sur l'État jouissent de certains priviléges, mais à qui ces priviléges profitent-ils en réalité ? Est-ce aux rentiers, est-ce à l'État ? Nous n'hésitons pas à répondre que les priviléges dont jouissent les rentes sur l'État profitent exclusivement à l'État, qui, sans ces priviléges, emprunterait plus difficilement et plus chèrement. Ceci est élémentaire, ceci est aussi clair que le jour, et, pour en nier l'évidence, il faut être obtus ou aveugle ; aussi pensons-nous que ce qui précède doit suffire aux yeux du *National*, « *pour jus-* « *tifier un état de choses dans lequel un capitaliste* « *riche de plusieurs millions ne paye pas, pour ses capi-* « *taux, un centime d'impôt, tandis que le laboureur* « *verse au trésor deux fois la dîme de son champ.* » Mais où donc, ajouterons-nous encore, *le National* a-t-il vu que le capitaliste qui prête sur hypothèque paye, pour les capitaux qu'il place ainsi, un centime d'impôt?

Voici quelques passages du discours de Mirabeau que les économistes du *National* feraient bien d'apprendre et de méditer :

« On se plaît à faire regarder les créanciers de l'État comme des *privilégiés*, pour faire partager à leurs créances la condamnation prononcée contre les *priviléges* ; mais ce sont là des mots qui ne répondent nullement aux choses.

. . . . , ...

« La nation peut être envisagée sous deux rapports qui sont absolument étrangers l'un à l'autre : comme souveraine, elle règle les impositions, elle les ordonne et les étend sur tous les sujets de l'empire ; comme débitrice, elle a un compte exact à rendre à ses créanciers, et ses obligations à cet égard ne diffèrent point de celles de tout débiteur particulier.

. . . .

« Il existe un fait remarquable, c'est que, la clause générale qui exempte de *retenue* la somme prêtée ayant été omise une ou deux fois, lors de la publication des édits d'emprunts, il a fallu la rétablir par un arrêt exprès du conseil, pour que l'emprunt ait pu s'effectuer.

« On vous propose donc d'imposer des rentes *qui n'existent que parce qu'elles ont été déclarées non imposables.* »

. . . .

« *Imposer* une somme quelconque sur les rentes, n'est-ce pas retenir cette somme sur les payements ? N'est-il pas clair que toute retenue non consentie est

une *imposition*, que toute *imposition* est une retenue ?

« Si vous imposez originairement les rentes d'un
dixième, eh bien ! dans la circonstance où vous les
créez, je ne vous céderai aussi aucun capital qu'au
moyen d'un intérêt plus fort d'un dixième. Si vous dé-
clarez ma rente non imposable, vous aurez alors mon
capital à meilleur prix : cela ne revient-il pas au
même pour les contractants ?

. . . .

« Une distinction bien simple suffit pour éclairer la
question. Il ne s'agit que de considérer dans la même
personne le rentier et le citoyen, chacun est imposé,
rentier ou non, *selon ses facultés*; mais le rentier, en
tant que rentier, ne doit *aucune imposition*, selon
les termes de son contrat ; il est trop absurde d'en
conclure qu'il serait dispensé par là de contribuer aux
charges publiques, puisque l'emploi même de ses
rentes le met en prise à toutes les *impositions* communes. »

Non-seulement les rentes sur l'État, suivant nous, ne
doivent être grevées d'aucun impôt, sous quelque
nom et sous quelque forme que ce soit, droit de mu-
tation ou autre ; mais encore il serait à désirer, dans
l'intérêt du crédit de l'État et de la richesse publique,
que l'achat et la vente d'une inscription de rente perpétuelle française ne donnassent lieu à aucun droit
de commission ou de transport, si faible qu'il pût
être.

Supprimer l'amortissement, convertir en 3 p. 0/0
les fonds 5, 4 1/2 et 4 0/0, compenser largement la ré-

duction de l'intérêt par l'accroissement du capital, appliquer avec constance et fermeté la loi qui interdit les marchés à termes, rendre aussi rares et aussi légères que possible les fluctuations des cours en les affranchissant du jeu et de la spéculation, et au lieu de songer à mettre un impôt sur les mutations des rentes, faire le contraire, c'est-à-dire modifier l'institution des agents de change de telle sorte que les achats et les ventes de fonds publics français soient exempts de tous droits de commission et de transfert : telle est la série de nos idées. Nous ne nous dissimulons pas toutes les critiques qu'elles soulèvent, toutes les résistances qu'elles provoquent, tous les préjugés qu'elles blessent, tous les intérêts qu'elles alarment ; mais que nous importe, si nos idées sont justes et si nous parvenons à le démontrer ! On ne saurait faire jouir les inscriptions de rentes perpétuelles d'immunités trop grandes, tel est le principe que nous ne saurions trop souvent rappeler.

RAPPORT

FAIT AU NOM DE LA COMMISSION CHARGÉE D'EXAMINER
LA PROPOSITION DE M. GLAIS-BIZOIN, RELATIVE
AU TARIF DE LA POSTE AUX LETTRES.

◁————————▷

1847.

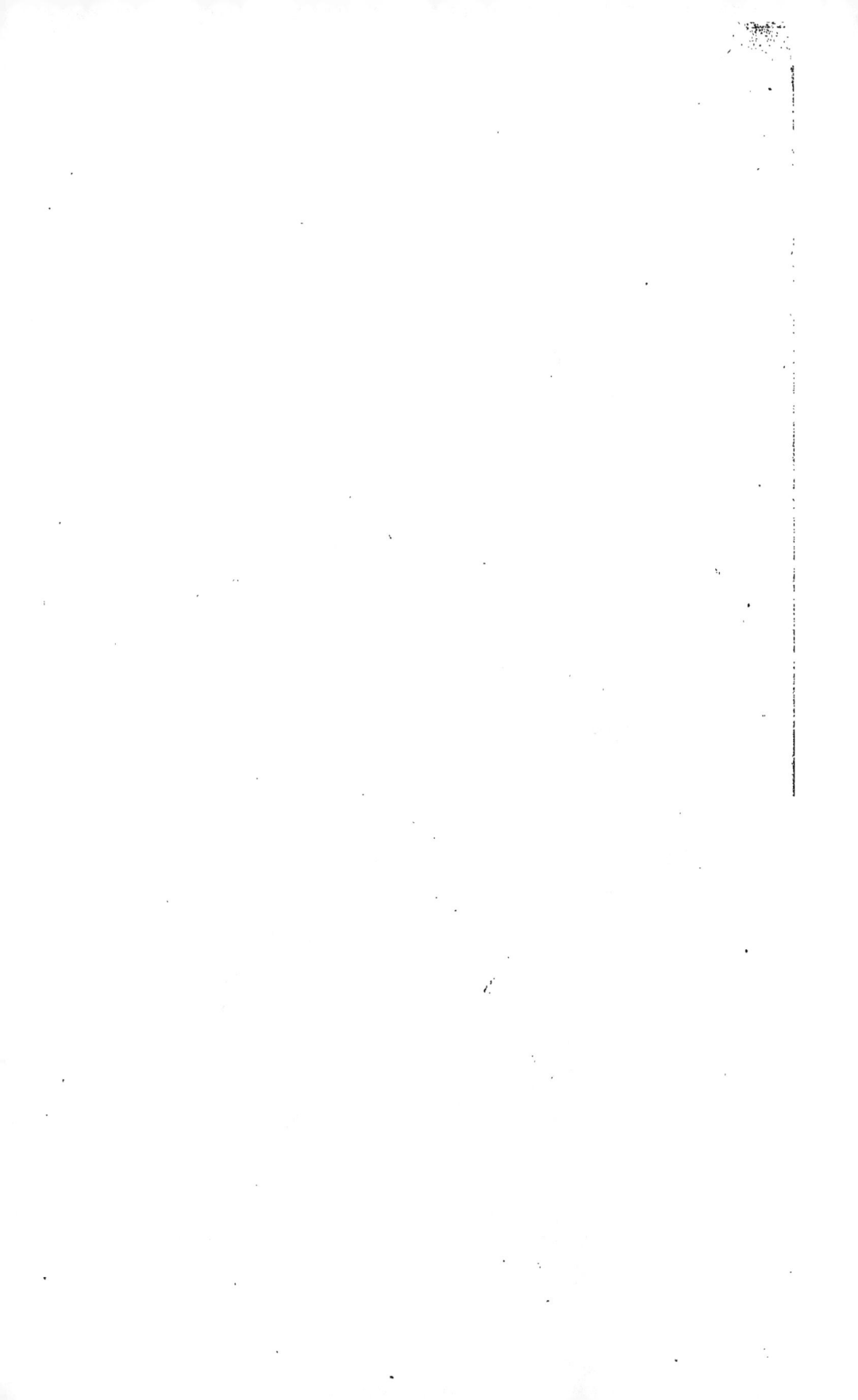

RAPPORT

FAIT AU NOM DE LA COMMISSION * CHARGÉE D'EXAMINER
LA PROPOSITION DE M. GLAIS-BIZOIN, RELATIVE
AU TARIF DE LA POSTE AUX LETTRES.

PAR M. ÉMILE DE GIRARDIN.

Député de la Creuse.

SÉANCE DU 18 AVRIL 1847.

MESSIEURS,

« Dès que le service exige plus que les frais d'ex-
« ploitation, il devient un impôt... Un tarif aussi élevé
« au-dessus des frais d'exploitation nuit à la recette
« elle-même. A l'époque qui a précédé la révolution,
« les lettres ne payaient que moitié du tarif actuel, et
« le revenu produisait alors une somme égale à celle
« qu'on perçoit actuellement. Les tarifs modérés exci-
« tent un recours plus fréquent vers les services qu'ils
« doivent solder. Ils accroîtraient les relations et toutes
« les spéculations que la correspondance produit. Ils

---

* Cette Commission est composée de MM. Abbatucci, président; vicomte de Falloux, secrétaire; de Beaumont, Poisat, Véjux,
marquis de Castellane, Devienne, de Rainneville, et Émile de
Girardin, rapporteur.

« donneraient ainsi un nouvel essor à la prospérité
« publique. » C'est en ces termes que s'exprimait, le
1er février 1827, dans la discussion qui précéda le vote
de la loi du 15 mars 1827, relative au tarif de la poste
aux lettres, un député qui a laissé les plus honorables
souvenirs, M. Alexis de Noailles.

Depuis cette époque, vingt années se sont écoulées,
vingt années de paix ! Une nouvelle charte a proclamé
pour la seconde fois que les Français contribuent indistinctement, dans la proportion de leur fortune, aux
charges de l'État ; les revenus de la France, ainsi que
ses dépenses, ont presque doublé ; toutes nos industries
ont considérablement abaissé les prix de revient et de
vente de leurs produits ; l'échelle des consommateurs
a multiplié à l'infini ses degrés ; l'instruction primaire
s'est étendue ; de toutes parts des routes, des chemins de
petite et de grande vicinalité ont été pratiqués ; là où
ils existaient, ils ont été améliorés ; là où ils manquaient,
ils ont été ouverts ; les moyens de transport sont plus
faciles et moins dispendieux ; les relations de commune
à commune, de département à département, des départements avec Paris, de Paris avec toutes les villes
de l'Europe, tendent chaque jour à devenir plus fréquentes, plus nombreuses, plus rapides ; les chemins
de fer, dont l'immense avenir était encore inconnu en
1827, sont sur le point de résoudre cet incroyable problème de faire en quelque sorte que les plus longues
distances à parcourir deviennent les plus courtes à
franchir, puisqu'il faut aujourd'hui moins de temps
pour se rendre de Paris à Bruxelles, qu'il n'en faut à
beaucoup de communes d'un même département pour

communiquer entre elles ; la navigation à vapeur a dépassé toutes les espérances par ses progrès ; treize jours
suffisent pour aller du Havre à New-York ; seule, depuis vingt ans, la taxe des lettres est restée stationnaire : hâtons-nous d'ajouter, en France ! car en Angleterre, en Espagne et en Russie, la taxe uniforme a
été adoptée ; aux États-Unis, en Autriche, en Prusse,
en Sardaigne, le port des lettres a été plus ou moins
considérablement abaissé.

Il est vrai qu'en 1673 le port de la lettre simple, qui
varie aujourd'hui de 10 centimes à 1 fr. 20 c., n'était
que de 10 à 25 c. Loin de faire aucun progrès dans la
voie où l'Angleterre nous a devancés (1), nous avons
donc rétrogradé de plus d'un siècle et demi.

Le moment n'est-il pas venu de changer un tarif
dont on proposait, en 1827, de ne voter l'application
que jusqu'au 1er janvier 1831, parce que déjà on le
trouvait excessif ?

L'état actuel de nos finances nous permet-il d'aller
au-devant d'une diminution dans nos recettes, quelle
qu'elle soit, et ne dût-elle être que d'une courte durée ? Cette question serait la première qui devrait s'of-

(1) Taxe moyenne d'un port de lettre d'après les tarifs en vigueur :

Angleterre........................ taxe unique, 10 cent.
Prusse............................ 8 zones, 26
Espagne.......................... taxe unique, 27
États-Unis d'Amérique.......... 3 zones, 29
Sardaigne .... 7 zones, 34
Autriche......................... 2 zones, 34
Russie........................... taxe unique, 40
France........................... taxe de 1827, 43

frir à notre examen, s'il était possible de ne placer qu'au second rang la question de droit constitutionnel, qui, en 1827, fut seulement effleurée.

Le tarif en vigueur est-il contraire au principe fon-damental de l'égalité de l'impôt devant la charte ?

Est-il obligatoire, opportun, possible de le modifier, au risque d'une diminution de produits permanente ou temporaire ?

Le tarif nouveau doit-il être uniforme ou gradué ?

Convient-il de favoriser l'affranchissement ?

Est-il nécessaire de changer le poids de la lettre simple ?

A quelles causes doit-on attribuer l'étendue de la fraude ?

A quelles causes doit-on attribuer le nombre des re-buts ?

Comment réprimer l'abus des franchises résultant de la qualité des destinataires et de l'apposition du contre-seing ?

Tel est l'ordre dans lequel se présentent les questions qui font l'objet de ce rapport, et sur lesquelles vous aurez à délibérer.

« Dès que le service exige plus que les frais d'exploi-« tation, il devient un impôt. » Si cette incontestable vérité, qui jaillit dans la discussion à laquelle donna lieu la loi du 15 mars 1827, est demeurée stérile, c'est qu'elle n'y fut qu'un éclair. Or c'est le propre de l'éclair de ne faire cesser l'obscurité un instant que pour la rendre plus profonde. A cette époque, on ne s'était pas encore rendu exactement compte des deux natures de frais dont se compose la taxe d'une lettre :

I. Frais généraux d'administration ;
II. Frais variables de tradition.

A cette époque on ignorait que la lettre qui coûte le moins, coûte, selon le décompte tel qu'il se trouve établi dans le rapport fait par l'honorable M. Chégaray en juillet 1844, au nom de la commission chargée d'examiner la proposition de M. de Saint-Priest :

Frais généraux d'administration...............	8	
Frais variables de tradition....................	1	3/4
Total..........	9	3/4

Et que la lettre qui coûte le plus coûte :

Frais généraux d'administration...............	8	
Frais variables de tradition....................	6	3/4
Total..........	14	3/4

Et, selon un autre décompte fait à la tribune le 8 février 1845,
La lettre qui coûte le moins :

Frais généraux d'administration...............	4 c.	1/2
Frais variables de tradition (1)................	1	1/2
Total..........	6 c.	1/2

(1) Nous croyons devoir faire remarquer que le diviseur, c'est-à-dire le nombre de lettres, tendant constamment à s'élever (de 78 millions en 1830, il est aujourd'hui à 120 millions), le quotient, c'est-à-dire la somme des frais généraux d'administration, et même celle des frais variables de tradition à supporter par chaque lettre, tend conséquemment à devenir plus faible.

La lettre qui coûte le plus :

Frais généraux d'administration..............	4 c. 1/2
Frais variables de tradition...................	3 1/2
Total...........	8 c.

Différence : selon l'un ou l'autre des deux décomptes adoptés, soit 5 c., soit 2 c. entre la dépense occasionnée par la lettre qui parcourt la plus grande distance et la lettre qui parcourt la distance la plus courte.

Ce n'est que dans l'excellent rapport de M. Chégaray que cette décomposition des deux natures de frais et cette différence sont apparues dans toute leur clarté.

De ce jour, si la question constitutionnelle, qui doit dominer toutes les préoccupations, plus ou moins graves, toutes les combinaisons plus ou moins ingénieuses, n'a pas été tranchée, du moins a-t-elle été nettement posée.

Comme la commission de 1844, votre commission a reconnu :

« 1º Que la taxe des lettres, en tant qu'elle excède la
« rémunération due au trésor pour le service public
« du transport, est *un impôt inégalement perçu*, et que
« cette inégalité, s'accroissant en raison géométrique
« de l'accroissement des distances, peut s'élever, en
« comparant les moindres aux plus grandes, à *dix et*
« *à douze fois* (1) la valeur de l'impôt payé par les con-
« tribuables les plus favorisés ;

« 2º Que cet impôt est excessif, au moins en ce qui
« concerne les lettres transportées à longues distan-
« ces, et qu'il doit avoir pour résultat, soit de favori-

(1) État comparatif dressé par la Commission de 1844 des taxes

« ser les fraudes, soit d'arrêter l'essor naturel et lé-
« gitime des correspondances commerciales et pri-
« vées. »

Comme la commission de 1844, messieurs, votre
commission « pense qu'il est impossible de se refu-
« ser à l'évidence de cette double démonstration. »

Qu'est-ce, en effet, que la somme ajoutée, dans la
taxe, au prix du service rendu par l'État aux citoyens
dans le transport de leurs lettres? Est-ce, comme on l'a
prétendu, un *bénéfice?* non; c'est, ce ne peut être qu'un
impôt. L'État ne fait pas le commerce. Quand il se réserve le monopole de certains services rendus aux
contribuables, ou la vente de certains produits, ce qui
dépasse le prix de revient dans la somme pour laquelle
il les leur rend ou les leur livre, est un impôt. Et il ne
peut y avoir exception, à cet égard, pour la somme
qui, dans les différentes taxations des lettres, dépasse
le remboursement de la dépense faite par l'État. C'est
donc un impôt; dès lors il doit être le même pour deux

payées, des dépenses occasionnées et de l'impôt supporté par
chaque lettre :

Zône ou dis-tance en kil.	Taxe.	Coût.	Impôt ou différence de la taxe à la dépense.
moins de 40	20 c.	9 3/4 c.	10 1/4 c.
de 40 à 80	30	10 1/4	10 3/4
80 à 150	40	10 3/4	29 1/4
150 à 220	50	11 1/4	38 3/4
220 à 300	60	11 3/3	48 1/4
300 à 400	70	12 1/4	57 3/4
400 à 500	80	12 3/4	67 1/4
500 à 650	90	13 1/4	76 3/4
650 à 750	1 f.	13 3/4	86 1/4
750 à 900	1 10	14 1/4	95 3/4
plus de 900	1 20	14 3/4	1 f. 05 1/4

lettres d'égal poids. Que la partie de la taxe qui est le prix du service rendu soit progressive comme la dépense que ce service occasionne, rien ne serait plus juste assurément, si cela était praticable, attendu la difficulté de tenir compte d'une dépense qui échappe à la répartition par son exiguïté ; mais que la partie de la taxe qui constitue l'impôt varie comme la distance, et s'accroisse avec elle, rien de plus arbitraire et de moins constitutionnel.

Deux lettres simples sont mises à la poste à Paris : l'une pour Versailles, l'autre pour Bayonne. Déduction faite des frais généraux d'administration et des frais variables de tradition (en adoptant la décomposition telle que l'honorable M. Chégaray l'a établie dans son rapport), celle-ci payera 85 centimes d'impôt, et celle-là 10 centimes seulement. La minorité de la commission a nié que cette inégalité dans l'impôt, quelque excessive qu'elle parût, constituât réellement un fait inconstitutionnel, ou plutôt elle a prétendu que le reproche d'inconstitutionnalité ne pourrait s'appliquer avec fondement qu'à l'impôt perçu sur celles des lettres provenant exclusivement du fait de notre régime de centralisation gouvernementale, administrative et judiciaire, parce que là, en effet, de son aveu, il n'y avait pas de réciprocité, et qu'en supposant que les habitants de la ville de Bayonne et ceux de la ville de Versailles eussent à écrire ou à recevoir, pour affaires ressortissant du gouvernement aux chambres législatives, au conseil d'Etat, à la cour de cassation, etc., un nombre de lettres égal, si ce nombre de lettres était de 30,000 par an, dans ce cas l'impôt prélevé

par l'Etat sur Versailles ne serait que de 5,000 fr.,
tandis qu'il serait de 25,500 fr., pour Bayonne. Aux
yeux de la minorité, pour qu'on fût fondé à dire d'un
impôt qu'il est établi en violation de l'article de la
charte, il faudrait qu'il fît retomber exclusivement sur
une classe de contribuables une charge dont seraient
dispensés les autres citoyens, et ce n'est pas ce qui a
lieu pour la taxe des lettres ; car, s'il est vrai qu'elle
varie selon les distances, elle ne varie pas selon qu'on
appartient à telle classe plutôt qu'à telle autre de la
société. Mais, pour que cette manière de défendre, sinon le tarif de 1827, du moins le système des zônes,
fût péremptoire, il faudrait admettre qu'il ne peut y
avoir, en matière d'impôts, d'inégalité que d'une seule
sorte. Or c'est ce qui n'est pas, et l'inégalité n'a pas plus
le droit d'exister relativement aux choses que relativement aux personnes. Qu'il s'agisse de personnes ou
qu'il s'agisse de choses, la loi, dans l'un comme dans
l'autre cas, ne doit avoir qu'un poids et qu'une mesure. Deux lettres simples ne doivent payer que le
même impôt. Quand la base varie, que l'impôt varie
avec elle, c'est de la justice ; mais quand la base ne
change pas, que l'impôt s'élève ou s'abaisse sans raison, c'est de l'arbitraire. Cet arbitraire a pu subsister
tant qu'il s'est caché ; mais maintenant qu'il est décou-
vert, il faut qu'il renonce à se défendre.

Entre une question d'inopportunité plus ou moins
bien justifiée, et une question d'inconstitutionnalité,
tout au moins d'inégalité clairement démontrée, votre
commission, messieurs, ne pouvait hésiter ; aussi la
majorité a-t-elle déclaré qu'il y avait lieu de réformer

14

la loi du 15 mars 1827. Les autres considérations secondaires, bien que graves, qui ont été présentées par
la minorité, vous seront fidèlement exposées dans
l'ordre d'idées qui les amènera naturellement.

La commission de 1844, après avoir proclamé que
« l'abaissement de la taxe des lettres était une réforme
« juste, nécessaire, qui pouvait être très-large sans
« être dangereuse pour les intérêts du trésor, » se
résumait en disant : « La commission estime qu'il
« n'y a pas lieu de s'occuper actuellement de la ques-
« tion d'abaissement de la taxe des lettres. »

A cette époque, cependant, les circonstances étaient
plus favorables qu'elles ne le sont aujourd'hui ; plusieurs
départements n'avaient pas été dévastés par l'inondation
de la Loire ; la cherté des subsistances n'imposait pas
à l'État, aux communes, des sacrifices qui, si considérables qu'ils soient, ne seront jamais proportionnés à
l'étendue des besoins et des souffrances qui élèvent ces
sacrifices à la hauteur d'un devoir social ; enfin la rareté de l'argent, la difficulté de l'escompte ne se laissaient pas même apercevoir de loin dans l'avenir ; quoi
qu'il en soit de la différence des deux époques, bien
que le passé fût plus propice que le présent, votre
commission, messieurs, est d'avis qu'il y a lieu de
donner suite à la proposition que vous l'avez chargée
d'examiner ; vous apprécierez les motifs sur lesquels
se fonde son opinion.

La nécessité d'un impôt n'en saurait jamais justifier
le maintien, dès que l'inégalité en a été démontrée et
reconnue. Avant le trésor public doit passer la charte
constitutionnelle.

Ainsi qu'on l'a dit avec raison à la tribune : « Avant
« tout, l'égalité des impôts, c'est la règle fondamen-
« tale, non pas seulement de notre système financier,
« mais de notre organisation politique, et s'il est un
« impôt qui, au lieu d'atténuer les inégalités naturelles,
« vient les aggraver, il est vicié dans sa source. »

Voici quant à l'obligation de réformer le tarif de
1827. Maintenant, nous allons examiner si cette réforme est opportune, si elle est possible.

Elle s'est présentée cinq fois à la tribune, en 1841,
en 1842, en 1843, en 1844, en 1845, et cinq fois elle
a été combattue ou écartée comme n'étant pas opportune ; quand le sera-t-elle donc ? Qui pourrait le prévoir, qui pourrait le dire ? Attendra-t-on que le budget
solde par un excédant de recettes sur les dépenses ?
Admettre l'objection tirée de l'inopportunité, ce serait
consentir à l'ajournement indéfini ; or c'est ce que la
chambre ne saurait vouloir, après l'éclatante manifes-
tation qui a eu lieu dans la séance du 7 février 1845, où
la taxe uniforme à 20 centimes a été adoptée à la majorité de 130 contre 129 voix ; après le vote du lendemain, où le bénéfice du vote de la veille n'a été
perdu sur une question secondaire (la question des articles d'argent) que parce que le nombre des boules
blanches et des noires s'est trouvé égal : 170 voix contre 170 ; enfin, après le vœu de chaque année réitéré
de 77 conseils généraux (1), à la tête desquels figure
le conseil général de la Seine.

(1) Les seuls conseils généraux qui aient gardé le silence, sont

En matière d'impôt, si l'on attend jamais qu'une réduction soit opportune, on l'attendra toujours, car les dépenses ont une tendance naturelle à s'élever constamment au-dessus des recettes. Il y a des réductions d'impôts qui sont judicieuses ; il y en a qui ne le sont pas ; on peut citer des impôts qui ont succombé sous le poids des réclamations dont ils étaient l'objet, on n'en pourrait pas citer un seul qui ait poussé l'abnégation jusqu'à s'offrir lui-même en holocauste à l'opportunité.

Votre commission a donc dû écarter cette objection banale qui ne manque jamais de se produire aussi bien quand les temps sont propices qu'alors qu'ils sont contraires, aussi bien lorsqu'il s'agit de réforme fiscale que de réforme politique. La minorité s'est retranchée derrière le déficit toujours croissant de nos budgets ; elle a allégué la nécessité de ne pas affaiblir nos recettes, attendu l'énormité de nos dépenses et le poids de nos charges ; elle a insisté sur ce que cette année avait d'exceptionnel par suite de l'insuffisance de la récolte dernière et de l'incertitude mêlée d'anxiété qui existe à l'égard de la récolte prochaine ; elle a exprimé la crainte que les revenus publics ne fussent plus ou moins gravement affectés par deux causes : l'envoi à l'étranger de fonds considérables destinés à solder des achats de grains ; la nécessité sous le coup de laquelle se trouvent les

les neuf suivants : Alpes (Hautes-), Ardèche, Calvados, Eure-et-Loir, Meurthe, Seine-et-Marne, Seine-et-Oise, Vendée, Vienne (Haute-).

porteurs d'actions de chemins de fer d'opérer les versements réclamés par le cours de travaux qu'on ne saurait interrompre.

Sans méconnaître la valeur de ces considérations, qu'elle-même avait déjà pesées, la majorité a répondu :

Quand l'inopportunité n'a pas de motifs qu'elle puisse invoquer, elle invoque des prétextes; avec elle, il faut donc toujours choisir entre un prétexte ou un motif.

Si les découverts de nos budgets vont toujours se grossissant, la cause en est-elle à des dégrèvements de taxe irréfléchis, dont le gouvernement aurait pris l'initiative, ou à des changements téméraires apportés dans l'assiette de l'impôt par l'esprit d'innovation ? — Non, il faut exclusivement attribuer ces découverts à la confection de nos budgets, qui n'est pas ce qu'elle devrait être, et à l'exagération de nos dépenses, qui tendent incessamment à s'élever, comme l'eau qui monte quand déborde le fleuve prêt à tout submerger.

Quel est le moyen de mettre une digue à ce débordement de dépenses en compensation desquelles on ne voit jamais le gouvernement vous proposer aucune économie sérieuse ? Quel est le moyen efficace de l'arrêter sur cette pente où il est si facile de se laisser entraîner par les exigences individuelles et les réclamations locales ? Il n'en est qu'un : c'est de ne pas craindre plus longtemps de dégréver tout impôt excessif, afin de placer les ministres dans l'étroite alternative, ou de découvrir des économies qu'il ne s'agit que de bien chercher, ou de demander des augmentations de revenus, à une meilleure gestion de la fortune publique.

Si la majorité législative, usant du droit d'initiative qui lui appartient, n'eût pas craint d'entrer dans cette voie avec résolution et persévérance, nul doute que beaucoup de dépenses inconsidérées qui ont été faites n'eussent pas eu lieu. Peut-être le budget n'en serait-il pas moins gros ; mais le poids, mieux réparti en serait plus léger, et le pays plus riche.

La majorité de votre commission a pensé que pour qu'il fût possible de réformer, à partir du 1er janvier 1848, le tarif de 1827, il suffirait que le gouvernement le voulût sincèrement et fermement. Sans doute, quel que soit le système adopté, il y aura temporairement un déficit ; mais M. le ministre des finances, chargé d'assurer tous les services publics et de centraliser les divers budgets de ses collègues, n'aura qu'à se montrer plus sévère dans l'admission et le contrôle de chaque dépense, plus vigilant dans la recherche et la répression des abus, moins accessible à tous les crédits extraordinaires, supplémentaires ou complémentaires, qui rendent illusoire l'équilibre du budget dans les années privilégiées où l'on parvient avec plus d'effort que de vérité à le rétablir. Si l'industrie, qui rétribue ses employés plus largement que l'État ne salarie les siens, tend constamment à fabriquer mieux et à meilleur marché, à quelle cause doit-on l'attribuer ? A la nécessité qui lui en est imposée par la concurrence. Comme il lui faut sans cesse abaisser son prix de vente, il lui faut, sans relâche, diminuer son prix de revient, perfectionner ses machines, simplifier ses procédés, économiser la matière et la main-d'œuvre, veiller jour et nuit sur toute perte de temps et sur toute fausse dépense.

Cet aiguillon de la concurrence, sans lequel l'expérience a prouvé que l'industrie ne ferait aucun progrès, est le stimulant qui manque au gouvernement pour le faire entrer d'un pas ferme dans la voie des économies judicieuses. C'est au contrôle des chambres à suppléer à l'action de la concurrence. Si nous voulons jamais avoir un gouvernement à bon marché, le moyen, répétons-le, c'est de ne pas craindre de dégrever un impôt quand il est excessif, à plus forte raison quand il est inconstitutionnel.

Ce mot est la transition qui, de ces considérations préliminaires où nous n'avons pas cru pouvoir nous dispenser d'entrer, nous amène naturellement à l'examen de cette question que votre commission a dû se poser : le tarif nouveau qu'il s'agit de substituer au tarif de 1827 doit-il être uniforme, ainsi que le pense l'honorable auteur de la proposition, d'accord avec la majorité de la Commission de 1844, ou continuer d'être gradué, ainsi que le proposait M. le ministre des finances dans le projet de loi qu'il a présenté le 26 février 1846, et qui a été retiré le 29 avril suivant?

La déclaration du roi enregistrée au parlement en date du 24 mars 1673, fixait le port de la lettre simple :

Au-dessous de 25 lieues à..........	2 sous
De 25 à 60 lieues...................	3
De 60 à 80.................	4
Au delà de 80 lieues..............	5

La déclaration du 8 décembre 1703, doublant le
nombre des zones, élève ainsi le tarif :

Au-dessous de 20 lieues............	3 sous
De 20 à 40 lieues..............	4
De 40 à 60....................	5
De 60 à 80....................	6
De 80 à 100....................	7
De 100 à 120	8
De 120 à 150....................	9
De 150 à 200....................	10

L'édit du 8 juillet 1759 maintient le nombre de huit
zones, mais il augmente de nouveau la taxe graduée :

Au-dessous de 20 lieues..........	4 sous
De 20 à 40 lieues..............	6
De 40 à 60....................	7
De 60 à 80....................	8
De 80 à 100....................	9
De 100 à 120....................	10
De 120 à 150	12
De 150 à 200 lieues et au delà.....	14

Le 17 août 1791, le tarif qui précède fait place à un
nouveau tarif qui établit dans chacun des départements
un point central. La taxe des lettres et paquets d'un
département pour un autre contigu est la même pour
tous les bureaux des deux départements. La distance
des points centraux de chaque département est calculée
à *vol d'oiseau*, et à raison de 2,283 toises par lieue. Le
poids de la lettre simple est fixé à 1/4 d'once. Le nombre des zones est porté de 8 à 12 :

Intérieur du département.........	4
Hors du département et jusqu'à 20	
lieues exclusivement..	5

De	20 à	30 lieues...............	6
De	30 à	40...................	7
De	40 à	50...................	8
De	50 à	60...................	9
De	60 à	80...................	10
De	80 à	100................	11
De	100 à	120...............	12
De	120 à	150...............	13
De	150 à	180...............	14
Au delà de 180................			15

Trois ans après, le 3 thermidor an III, ce tarif est modifié : le nombre des zones est réduit de douze à quatre, et le port de la lettre simple fixé ainsi qu'il suit :

1re distance.	50 l. du point de dép.	10 s.
2e —	100 —	15
3e —	150 —	1 l. »
4e —	au delà de 150 lieues.	1 l. 05

L'année suivante, le 6 nivôse an IV, « le Conseil des « Cinq-Cents, considérant qu'il est aussi important « pour le bien du service que pour l'intérêt du Trésor « public, *de rétablir l'équilibre entre les recettes et les* « *dépenses du service des postes,*

« Déclare qu'il y a urgence, et, après avoir déclaré « qu'il y a urgence, adopte la résolution suivante :

« Le port de la lettre est élevé :

1re distance;	de 10 sous à	2 l. 10 sous.
2e —	de 15 sous à	5 l. »
3e —	de 1 livre à	7 l. 10
4e —	de 1 l. 5 s. à	10 »

Ce qui devait arriver est en effet ce qui arriva; loin de se combler, le déficit du Trésor public ne fit que s'aggraver de la manière la plus inquiétante, par suite de cette élévation excessive du port des lettres ; aussi, du 6 nivôse au 6 messidor, six mois s'étaient à peine écoulés que le conseil des Cinq-Cents se hâtait de prendre la résolution suivante :

« Considérant que le service des postes et messa-
« geries présente un déficit dans ses recettes comparées
« aux dépenses, RUINEUX pour le Trésor national, et
« qu'*il est aussi pressant qu'utile d'*AMÉLIORER *le produit*
« *de ce service*, déclare qu'il y a urgence,

« Et après avoir déclaré qu'il y a urgence,

« ÉLÈVE le poids de la lettre simple du quart à la
« demi-once (15 grammes au lieu de 7 gr. 1/2) ;

« RÉDUIT le port de la lettre,

1re distance.	50 lieues de	2 l.	10 à	6 sous.
2e —	100 —	de 5	» à	10
3e —	150 —	de 7	50 à	14
4e —	Au-dessus.	de 10	» à	18

On le voit, la loi du 6 messidor an IV ne se borne pas à abroger la loi du 6 nivôse de la même année, elle réduit encore considérablement le port de la lettre au-dessous du prix auquel l'avait fixé la loi du 5 thermidor an III. Le tarif est différent, mais il n'est pas plus élevé que celui du 22 août 1791 ; il l'est même beaucoup moins pour les lettres pesantes et à grandes distances, car une lettre pesant demi-once et ayant à franchir une distance de 50 lieues, qui, sous l'empire du tarif de 1791, eût coûté 16 sous, n'avait plus à payer que 6 sous.

La loi du 5 nivôse an V modifie le tarif de la loi

du 6 messidor an ɪv plutôt qu'il ne l'élève. Le poids de la lettre simple reste fixé à une demi-once. Le nombre des zones est porté de nouveau de 4 à 12 :

Intérieur du département.............	2 déc.	
D'un département au département contigu	2	5 c.
15 myriamètres..................	3	
De 15 à 20...................	3	5
De 20 à 25...................	4	
De 25 à 30...................	4	5
De 30 à 40.	5	
De 40 à 50...................	5	5
De 50 à 60...................	6	
De 60 à 75...................	6	5
De 75 à 90...................	7	
Au delà de 90.................	7	5

La loi du 27 frimaire an vɪɪɪ réduit à 7 grammes le poids de la lettre simple, de 11 à 8 le nombre des zones et fixe ainsi qu'il suit la taxe des lettres en raison des distances à parcourir *par la voie la plus courte :*

Jusqu'à 100 kilomètres inclusivement.	2 déc.
De 100 à 200 —	3
De 200 à 300 —	4
De 300 à 400 —	5
De 400 à 500 —	6
De 500 à 600 —	7
De 600 à 800 —	8
De 800 à 1,000 —	9
Au delà de 1,000 kilomètres	10

La loi du 14 floréal an x abaisse à 6 grammes le poids de la lettre simple, et prescrit que de 6 grammes à 8 grammes exclusivement, le port sera augmenté d'un décime en sus. La lettre de 8 grammes, et jusqu'à 10 grammes exclusivement, payera une fois et demie le port.

La loi du 24 avril 1806 modifie ainsi le tarif précédent :

A	50	kilomètres		2 déc.
De	50 à	100	—	3
De	100 à	200	—	4
De	200 à	300	—	5
De	300 à	400	—	6
De	400 à	500	—	7
De	500 à	600	—	8
De	600 à	1,000	—	9
De	1,000 à	1,200	—	10
Au delà de	1,200		—	12

La taxe des lettres transportées dans l'intérieur de la ville et faubourgs de Paris est portée de 10 à 15 centimes.

La loi du 15 mars 1827, faisant retour au principe de la loi du 17 août 1791, substitue la *ligne droite*, c'est-à-dire *à vol d'oiseau*, à la *distance la plus courte parcourue*, fixe au-dessous de 7 gr. 1/2 le poids de la lettre simple, et porte de 10 à 11 le nombre des zones.

Jusqu'à	40 kil. inclusivement	2
De 40 à	80	3
De 80 à	150	4
De 150 à	220	5
De 220 à	300	6
De 300 à	400	7
De 400 à	500	8
De 500 à	600	9
De 600 à	750	10
De 750 à	900	11
Au-dessus de	900	12

Rien de plus arbitraire et de plus variable, on le voit,

que tous ces tarifs, que toutes ces classifications de distances.

De 1791 à 1827, le tarif est changé ou modifié huit fois ; finalement, le tarif de 1827 est plus élevé que les tarifs du 24 mars 1673, du 8 décembre 1703, du 8 juillet 1759, du 22 août 1791, du 6 messidor an iv, du 5 nivôse an v et du 27 frimaire an viii.

D'après le tarif de 1827, au-dessus de 900 kilomè-
tres, la lettre simple coûte...................... 1 fr. 20 c
D'après le tarif de 1673, elle eût coûté.......... 25
D'après le tarif de 1703............................ 50
D'après le tarif de 1759.......................... 70
D'après le tarif de 1791.........................., 75
D'après le tarif de l'an iv........................ 90
D'après le tarif de l'an v........................ 75
D'après le tarif de l'an viii. .... 1 »

Le projet de loi présenté par M. le ministre des fi-
nances à la Chambre des Députés, dans la séance du 26 février 1846, et retiré dans la séance du 29 avril suivant, maintenait le poids de la lettre simple à 7 gr. et demi, et le système des zones ; seulement il en réduisait le nombre à cinq :

Jusqu'à   20 kil...................... 10 cent.
De   20 à   40........................ 20
De   40 à 120........................ 30
De 120 à 300........................ 40
Au-dessous de 300.................... 50

La Commission chargée de l'examen de ce tarif, par des motifs qu'il serait trop long et superflu de reproduire ici, avait ainsi amendé ce tarif :

Lettres *de* et *pour* la même commune, et lettres de
   communes dans l'arrondissement du même bureau. 10
Lettres *de* et *pour* la même commune, toutes les fois
   que le nombre des distributions est au-dessus de 5
   par jour, et lettre circulaire de bureau à bureau
   jusqu'à 40 kilomètres exclusivement................ 15
De   40 à   80 20
De   80 à 150 30
De 150 à 400 40
Au delà de 400 50

Aucun débat public n'ayant eu lieu, la discussion n'a
pu montrer lequel des deux projets, de celui du Gouvernement ou de celui de la Commission, reposait sur
les données les plus justes et les mieux étudiées.

C'est en cet état que la question, Messieurs, se présentait à votre Commission.

Elle s'y présentait :

Après plusieurs discussions engagées à la tribune,
les 25 juillet 1839, 15 mai 1841, 4 juin 1842, à propos
du budget, et renouvelées le 25 mai 1843 à l'occasion
d'une pétition rapportée par l'honorable M. Mermilliod ;

Après la prise en considération de la proposition de
l'honorable M. de Saint-Priest, le 30 mars 1844 ;

Après le rapport de l'honorable M. Chégaray, déposé le 5 juillet 1844 ;

Après le vote du 7 février 1845, où la Chambre,
à la majorité de 130 voix contre 129, se prononça en
faveur de la taxe à 20 c. ;

Après le projet de loi du Gouvernement, présenté
le 26 février 1846 ;

Après le rapport de l'honorable M. Vuitry, déposé
le 13 avril suivant ;

Enfin, après la suppression du décime rural et la réduction de 5 à 2 0/0 de la taxe sur les envois d'argent, votée le 3 juillet 1846.

Aussi favorable que la majorité de votre commission à une modification du tarif en vigueur, mais contraire à l'unité de taxe, la minorité a présenté contre l'adoption de la proposition dont l'examen nous avait été confié les objections que nous allons reproduire, en y ajoutant celles faites par M. le ministre des finances :

1° Le nombre des lettres, qui n'était que de 75,000,000 avant la réforme postale accomplie en Angleterre (1), s'est, en effet, par diverses causes, successivement élevé, de janvier 1840 à décembre 1846, à 299,000,000 1/2 de lettres (2). Il a quadruplé : c'est un fait. Mais cette progression rapide n'en a pas moins eu pour résultat une augmentation de dépenses et une diminution considérable de produits. Pour que le revenu net demeu-

---

(1) C'est le 10 janvier 1840 que la taxe à 10 c. a été établie en Angleterre, après avoir été précédée, le 5 décembre 1839, par une taxe transitoire qui fixait à 10 et 40 c. les lettres du poids de 15 grammes. Aussi, bien que le nombre total des lettres, y compris les lettres étrangères, pour 1839, se soit élevé à 80 millions, convient-il de réduire ce chiffre à 75 millions au plus, car on ne saurait admettre que l'abaissement du tarif dont les vingt-cinq derniers jours de décembre 1839 ont profité, n'ait exercé aucune influence sur l'accroissement de la correspondance. Le contraire résulte de ce rapprochement :

1839 : 76,464,000 lettres ; } lettres étrangères en dehors.
1838 : 72,580,000

(2) On sait à quel chiffre s'est élevé le nombre des lettres pour 1846; mais on n'a pas encore les états de la recette et de la dépense pour l'exercice 1846, s'arrêtant au 5 janvier 1847.

rât le même, attendu l'accroissement des frais de service, il eût fallu deux choses : — que le nombre des lettres s'élevât dans la proportion de 1 à 8 1/2 (1) ; que le produit dépassât 1,979,042 liv. sterl., montant de la recette brute au 31 décembre 1839 (2). Or le produit brut pour 1845, montant de 263,174,000 lettres, ne s'était encore élevé qu'à 1,357,808 liv. sterl. Différence en moins : 64,234 liv. sterl. ; soit en fr. 15,550,850 ;

2° Dans le district de Londres, où la taxe n'a été abaissée que de 2 pence à 1 penny, le nombre des correspondances a augmenté, de décembre 1839 à janvier 1845, dans la proportion de 16,000,000 à 31,000,000 de lettres ;

3° Les membres du parlement et divers services publics jouissaient, pour leur correspondance, de franchises qui ont été supprimées par le bill du 17 août 1839 ; ces correspondances, maintenant soumises à la taxe, peuvent être évaluées à plus de 5,000,000 de lettres ;

4° La taxe moyenne des lettres, avant la réforme de 1839, était de 8 deniers 1/2, soit 85 c., tandis qu'en France elle n'excède guère 43 c. ; ce serait donc à tort que l'on compterait sur une progression, dans le nombre des lettres, aussi considérable, aussi rapide. En Angleterre, le rapport des habitants est de 86 par kil. carré, tandis qu'en France il est de 65 seulement : la situation n'est pas la même ;

5° Mettre sur le compte de l'impôt tout ce qui excède les deux natures de frais dont se compose la

---

(1) Chiffre emprunté à l'exposé des motifs du projet de loi du 26 février 1846.

(2) Déduction faite du produit des paquebots (voir l'état n° 11).

taxe des lettres, c'est raisonner comme si l'on ne devait prendre en considération, pour apprécier la part que chacun doit supporter dans l'impôt des lettres, que les frais matériels de transport faits par l'État. On doit savoir cependant qu'à côté de ces frais matériels, il y a une prime à payer par celui qui se sert de la poste, comme prix de la sécurité, de la régularité et de la célérité du service. On ne peut considérer comme un impôt ce que l'envoyeur aurait à dépenser si la poste n'existait pas. Ce n'est pas un impôt, c'est un bénéfice.

6° La taxe uniforme n'est pas rigoureusement juste, parce que les frais s'augmentent en raison de la distance parcourue. Si le nombre des lettres s'accroît dans la proportion voulue pour combler la différence résultant de l'abaissement de la taxe, les frais de transport des dépêches s'élèveront en raison du surcroît de poids ; les dépenses du personnel, des commis et des facteurs seront plus considérables ; les taxations accordées aux 2,314 bureaux à remises s'abaisseront de moitié environ.

7° Le système de la taxe uniforme à 20 centimes, s'il se modifie quant aux lettres de la ville pour la ville, et s'il réduit à 10 centimes la taxe de ces lettres, devient, en réalité, un système de tarif à deux degrés, et même à trois degrés, si l'on y comprend Paris, où la taxe est à 15 centimes.

8° L'abaissement de la taxe n'engagera pas les gens à secouer leur paresse et à écrire davantage. Les lettres de commerce forment la plus grande partie de la correspondance ; tous les commerçants sont d'accord pour dire qu'ils écrivent toutes les lettres qu'ils ont à écrire, et qu'ils n'en écriraient pas plus alors que le port en serait réduit. Les relations les plus multipliées seront toujours entre les lieux les plus rapprochés ; or, comme dans le rayon de 40 kilomètres on ne paye que 20 centimes, la réduction de la taxe à 20 centimes ne profitera qu'à la moitié environ des lettres en circulation, celles des classes riches et du haut commerce. La taxe uniforme à 20 centimes a donc presque tous les inconvénients de la taxe à 10 centimes, sans offrir l'avantage de dégréver la correspondance des classes pauvres et du petit commerce, dont la circulation se renferme en grande partie dans le premier rayon du tarif actuel.

A ces objections que nous venons d'énumérer, sans en omettre ni en affaiblir aucune, la majorité, adoptant le même ordre que celui qui précède, répond :

1° Il est vrai que toutes les prévisions de M. Rowland Hill ne se sont pas encore complétement justifiées, puisque de janvier 1840 à décembre 1846 le nombre des lettres a seulement quadruplé, et que cette augmentation, quelque importante qu'elle soit, laisse encore entre le produit de 1839 et le produit de 1845 une différence considérable ; mais cette progression du nombre des lettres n'eût pas été sensiblement moindre, si, au lieu de réduire la taxe de 85 centimes à 10 centimes, on l'eût réduite seulement à 20 centimes. Or, dans ce cas, le produit brut, pour l'année 1845, se fût élevé à 2,715,616 liv. sterl., chiffre supérieur à celui de 1839, qui n'était que de 1,979,042 liv. Excédant : 736,584 liv. sterl. ; soit en francs, 18,414,350.

Les motifs sur lesquels se fonde cette affirmation sont empruntés : premièrement, à un document anglais portant le nom de M. Mac-Culloch, cité à la tribune de la chambre des députés par M. le ministre des finances, comme un argument décisif contre l'adoption de la taxe à 20 centimes ; deuxièmement, à l'exposé des motifs du projet de loi du 26 février 1846, présenté par le gouvernement.

Que dit, en effet, M. Mac-Culloch dans la dernière édition de son *Dictionnaire du Commerce ?* Il s'exprime ainsi : « Quand la taxe est modérée, la célérité plus « grande et la sécurité que le transport des lettres « offre par la poste empêchent d'employer d'autres « voies pour faire passer un grand nombre de lettres. « Mais, quand la taxe est trop élevée..., ce moyen de « relation si important reçoit un échec grave, en ce « qu'une grande partie de la correspondance est inévi- « tablement détournée par des voies particulières. »

Il ajoute, pour expliquer comment la réforme postale fut votée :

« En ceci il arriva ce qui arrive constamment en « pareil cas : que *ceux qui refusent de prime abord* « *des concessions raisonnables et nécessaires sont forcés,* « *à la fin, d'accorder beaucoup plus que ce qui eût paru* « *d'abord suffisant* ; c'est du moins ce qui arriva dans « ce cas. »

Puis il reprend en ces termes :

« ... On aurait pu remédier à tous les défauts *sans*

« *perte,* ou avec une très-légère perte de revenu, si
« l'on avait supprimé la franchise, et que l'ancien taux
« des ports de lettres eût été réduit de manière que la
« taxe moyenne eût été d'environ 2 *pence et demi*
« *à* 3 *pence.* Le revenu n'aurait probablement rien
« perdu, tandis qu'on se fût assuré tous les avantages
« réels que présente le nouveau système. En effet,
« nous ne voyons aucune bonne raison pour que le
« taux actuel ne soit pas *doublé* et porté à 2 DÉCIMES
« PAR LETTRE *d'une demi-once,* à 4 décimes pour celles
« d'une once, et ainsi de suite. Nous voyons, au con-
« traire, beaucoup de raisons pour qu'il en soit ainsi :
« nous sommes bien convaincus que si cela s'exécu-
« tait, et *qu'on cessât d'imposer la gêne du payement*
« *par avance, le produit serait presque doublé sans in-*
« *convénient pour le public.* »
De deux choses l'une : ou M. Mac-Culloch n'est
pas une autorité suffisante dans la question, et M. le
ministre des finances, dans ce cas, aurait eu tort de
l'invoquer à la tribune, ou il est une autorité suffisante,
et, dans ce cas, nous avons raison de nous en prévaloir.

Le langage de M. Mac-Culloch est formel : lui, si
sévère pour le système de M. Rowland Hill, qu'il
qualifie de *misérable charlatanerie,* reconnaît que si
l'on cessait d'*imposer la gêne du payement d'avance* et si
l'on doublait la taxe, si on l'élevait de 10 à 20 centimes, le revenu des postes ne tarderait pas être en
Angleterre ce qu'il était en 1839. M. Mac-Culloch va
plus loin que votre commission, puisqu'il admet que
la lettre simple à 2 décimes pourra peser demi-once,

c'est-à-dire le double du poids que nous vous proposons de conserver à la lettre simple.

Que dit à son tour M. le ministre des finances dans l'exposé des motifs du 28 février 1846? Les aveux qu'il fait ne sont pas moins explicites que ceux de M. Mac-Culloch. « La taxe moyenne des lettres circulant en « Angleterre, dit-il, et servant de base aux calculs des « recettes, étant de 8 deniers 1/2 il ne suffisait pas, « en réduisant la taxe à un penny, que le nombre « des lettres quintuplât pour que les recettes restas- « sent les mêmes ; il fallait nécessairement que les cor- « respondances augmentassent dans la proportion de « 1 à 8 1/2: c'était ce que l'on ne pouvait raison- « nablement espérer... En réalité, toutes choses, les « *correspondances surtout, ont des limites naturelles* « *desquelles elles ne sortent pas.* L'élévation exagérée « de la taxe pouvait bien mettre obstacle à l'émission « d'un certain nombre de lettres; mais réciproque- « ment, à quelque faible taux qu'on voulût la faire « descendre, *on ne pouvait espérer d'obtenir qu'un ac-* « *croissement du nombre des lettres corrélatif au nombre* « *des correspondances qui ne pouvaient supporter la taxe* « *établie à cause de son élévation.* Or il était impossible « de supposer avec quelque probabilité que l'élévation « de la taxe *empêchât d'écrire dans sept cas sur huit;* « c'était UNE EXAGÉRATION ÉVIDENTE... Quand il s'agit de « réduire un impôt qui blesse, par son élévation, de « nombreux intérêts, il arrive ordinairement que le « *législateur dépasse la limite qu'il suffirait d'atteindre* « *pour que l'abus cessât.*

«... Dans le district de Londres, où la taxe n'a été

« abaissée que de deux pences à un penny, le nombre
« des correspondances a augmenté, de 1839 à 1845
« (4 ans), dans la proportion de 16 millions de lettres
« à 31 millions. La correspondance étrangère, dont la
« taxe n'a été abaissée que dans la proportion moyenne
« de 2 schellings 1 denier à 1 schelling, a augmenté,
« dans la même période de temps, de 3,546,000 let-
« tres à 8,074,000 lettres. De ces deux remarques ne
« doit-on pas conclure que ce n'est pas seulement la
« réduction de 8 deniers 1/2 à 1 qui eut la plus grande
« influence sur l'augmentation du nombre des corres-
« pondances, *puisqu'elles ont augmenté autant et plus*
« *dans des cas où la taxe n'a été réduite qu'à la moitié*
« *de ce qu'elle était auparavant?*

«... La taxe de 8 deniers en moyenne était beaucoup
« trop forte, on là supportait avec peine ; on s'est exa-
« géré les avantages d'une situation tout à fait oppo-
« sée ; *on s'est jeté d'une extrémité à l'autre* : EN DÉPAS-
« SANT *le but, on ne l'a pas atteint.*

«... C'est une erreur dans laquelle on est tombé, si
« l'on a pensé qu'un abaissement de la taxe des lettres
« aussi voisin que possible du transport gratuit, aurait
« sur les relations morales et intellectuelles des habi-
« tants du pays une influence plus grande que ne le
« comportait la nature des choses. »

Ainsi donc, ce sont MM. Mac-Culloch et M. le ministre des finances qui le déclarent eux-mêmes, celui-là
en Angleterre, celui-ci en France, si la taxe avait été
fixée à deux décimes, moins la gêne de payement d'a-
vance, si le législateur n'avait pas dépassé la limite
qu'il suffisait d'atteindre pour que l'abus cessât, si l'on

system- 183 -

n'était pas tombé dans une exagération évidente, si l'on
avait bien réfléchi que les correspondances ont des limites naturelles desquelles elles ne sortent pas, si enfin l'on
avait fait en Angleterre ce que nous proposons de faire
en France, la réforme postale eût été bienfaisante sans
être onéreuse ; elle n'eût pas porté moins de fruits, et elle
eût coûté moins de sacrifices. Elle eût suffi, et même
au delà, à couvrir les dépenses considérables qui ont
été faites ayant pour causes non-seulement la création
de nouvelles lignes de paquebots pour l'Amérique du
du Nord, pour le Mexique, pour l'Égypte et pour la
Chine, mais encore les exigences excessives des compagnies de chemins de fer qu'il a fallu subir pour le
transport des dépêches.

Ces deux témoignages qui sont venus déposer en faveur de la proposition dont l'examen nous a été confié,
sont si concluants, si formels, qu'ils nous dispensent
d'insister plus longuement sur cette première objection.

2° Le doublement des lettres en quatre ans, dans le
district de Londres, où la taxe a été réduite seulement
de deux pences à un penny, est un argument décisif
contre ceux qui prétendent que l'abaissement de la
taxe à 20 centimes n'exercerait qu'une lente et faible
influence sur l'accroissement de la correspondance
parmi nous. Quelle est la moyenne de la taxe, telle
qu'elle résulte du tarif de 1827? Si on l'établit sur les
onze zones, en laissant à l'écart,

Savoir :

13 millions de lettres à l'intérieur des villes et de
leurs arrondissements, taxées à 10 centimes ;

8 millions et demi de lettres de Paris pour Paris, taxées à 15 c. ;

6 millions 800,000 lettres originaires ou à destination des pays étrangers;

1 million de lettres originaires ou à destination des colonies ou pays d'outre-mer,

On trouvera que la moyenne est de 43 c. 1 mil. Mais si l'on ajoute à toutes ces lettres déjà mises à l'écart, et s'élevant à 30 millions et demi, les 28 millions de lettres circulant dans le rayon de 40 kilomètres, taxées à 20 centimes, conséquemment non susceptibles de réduction (voir les états numérotés 3 et 4), ensemble 58 millions et demi, on trouvera que la moyenne pour les 2 millions de lettres, dont la taxe varie de 21 centimes 2 m. à 1 fr. 27 c., y compris les lettres pesantes, est de 52 c. 09. Or, si dans le district de Londres, où il existe tant de moyens directs et indirects si rapides et si faciles d'échanger des communications sans s'écrire, le nombre des lettres s'est doublé, comment douter qu'en France, où les distances créent de si grands et de si nombreux obstacles, un résultat au moins égal ne soit promptement atteint? On le voit, ici les faits ne sont pas moins concluants que les aveux.

3° Les partisans de la taxe à 20 centimes ne nient pas que plusieurs causes diverses aient concouru au quadruplement du nombre des lettres en Angleterre ; ils reconnaissent bien volontiers que c'est par erreur et par suite d'une confusion entre le produit net et le produit brut des postes qu'on a dit, en 1839, que ce nombre était stationnaire; ils ne sont pas absolus ; ils se bornent à affirmer que si la taxe à 20 centimes est votée par les chambres législatives, et appliquée par l'administration des postes, sans mauvais vouloir de sa part, le sacrifice que cette réforme imposera au trésor public sera d'autant plus faible et de courte durée, qu'on mettra plus de zèle et d'intelligence à adopter les améliorations et à faire disparaître les abus.

4° En démontrant que les correspondances ont des limites naturelles desquelles elles ne peuvent sortir, M. le ministre des finances, indirectement, a fait si bonne justice de l'objection tirée de ce qu'en Angleterre la taxe a été réduite dans la proportion de 8 1/2 à 1, que nous pourrions nous dispenser de nous y arrêter ; toutefois, comme c'est celle dont on a le plus abusé, nous croyons devoir ne rien négliger pour lui imposer désormais un silence absolu. Si les forces d'un homme sont au-dessous d'un poids qu'il ne lui est pas permis de diviser, qu'importe qu'au-dessus de l'excédant le poids soit double, décuple ou centuple ? Si le même homme ne peut franchir qu'une barrière d'une hauteur déterminée, qu'importe au delà que cette hauteur varie du plus ou du moins ? Si la taxe de 52 cent. d'une lettre est au-dessus des moyens de beaucoup de familles, et exclut de certaines affaires, qu'importe que cette taxe soit de 52 ou de 85 centimes ? L'obstacle à la correspondance n'en subsistera pas moins, n'en sera pas moins absolu. Q'importe qu'en Angleterre l'area soit de 310,143 kilomètres carrés ? et, en France, de 529,686 kil. carrés ? Qu'importe, enfin, qu'en Angleterre le rapport des habitants soit de 86 par kilom. carré, et en France de 65 seulement ? Ce dont il serait plus important de pouvoir se rendre compte avec exactitude, c'est du nombre comparé d'Anglais et de Français sachant lire et écrire, de la différence des mœurs des deux nations et des habitudes de famille; de la manière dont les affaires se traitent dans les deux pays, etc., etc. Non, certes, la situation entre la France et l'Angleterre n'est pas la même, car la France a plus de 35 millions d'habitants et l'Angleterre n'en a que 27 millions; 8 millions et demi d'habitants en sus sont bien quelque chose! La France n'est pas divisée en trois royaumes, où les sentiments de rivalité ombrageuse et d'inimitié implacable doivent nécessairement exercer de l'influence sur les relations qui sont l'aliment de la correspondance; les caractères des deux peuples sont essentiellement différents : l'un est aussi liant et expansif que l'autre l'est peu; le régime municipal a des liens et des institutions en Angleterre qu'il n'a pas en France; la centralisation, si puissante parmi nous, presque excessive, n'existe pas dans la Grande-Bretagne; en France, tout aboutit à Paris; l'armée anglaise ne se recrute pas comme l'armée française, elle ne se compose que d'enrôlés volontaires et en petit nombre, elle n'appelle pas tous les ans sous les drapeaux 80,000 jeunes gens enlevés à leur famille et à leur commune; l'Angleterre est aristocratique, démocratique est la France; l'Angleterre est un pays où l'industrie et le commerce disposent d'immenses capitaux et opèrent sur une grande échelle; en France, le sol est morcelé, l'industrie timide, le commerce petit; en Angleterre, les voies de communication sont multipliées, et les moyens de transport si économiques, si rapides, que la consommation, sans cesse stimulée, n'est jamais retenue ; dans nos départements, c'est le contraire : pour le moindre objet, il faut correspondre ; tout est obstacle, tout vient en augmenter démesurément le prix et en restreindre la vente et l'usage ; mais si nous voulions épuiser ce rapprochement, nous n'en finirions pas, nous le bornons donc là. Il suffira, nous le croyons, pour faire comprendre que si, en sept années, le nombre des lettres a quadruplé en Angleterre, il y a tout lieu de compter, en France, sur un résultat égal, bien qu'il s'agisse seulement de réduire la taxe de 52 cent. à 21 cent., lettres pesantes comprises. A ce taux, le port des lettres ne fera plus que par exception obstacle à la correspondance.

5° Pour que l'objection faite contre ce qui excède les deux natures de frais dont se compose la taxe d'une lettre ait de la valeur, il faudrait qu'en cas de perte suffisamment justifiée d'une lettre, l'administration fût passible d'une indemnité quelconque. Or c'est ce qui n'est pas. Il n'y a qu'en cas de perte d'une lettre *chargée* affranchie qu'il est accordé une indemnité de 50 fr. L'objection n'a donc aucun fondement. Cette autre objection tirée de ce qu'on ne peut considérer comme un impôt ce que l'envoyeur aurait à dépenser si la poste n'existait point, n'est pas plus fondée ; car, si le transport des lettres était libre, il est plus que probable qu'il en coûterait moins de frais de transport, et conséquemment moins de port pour une lettre de Paris à destination de Marseille que pour telle lettre d'une petite commune à une autre, n'ayant à franchir que dix myriamètres de distance. Ce n'est pas un impôt, dit-on, c'est un bénéfice. Une telle distinction ne sau-

rait être admise ; mais, le fût-elle, qu'elle ne suffirait
pas à justifier l'inégalité de la taxe entre la lettre simple à 20 c. et la simple lettre à 1 fr. 20 c. Est-ce que
le prix des poudres et des tabacs s'élève au fur et à
mesure que les lieux de débit s'éloignent davantage
des centres de fabrication ? Est-ce que les comptes des
finances n'attestent pas que le transport des lettres
coûte souvent moins pour des distances éloignées que
pour des points rapprochés, pour le département des
Bouches-du-Rhône, par exemple, moins que pour le
département de l'Aube ? Nulle part le prix de revient
des lettres n'est en rapport avec les tarifs. Prétendre
que les 100 millions de lettres de plus qui seraient nécessaires pour compenser la diminution de produit résultant de l'abaissement de la taxe exigeraient un
surcroît de frais de transport, d'employés et de facteurs, c'est trahir trop ouvertement le défaut d'arguments sérieux. 100 millions de lettres par an représentent moins de 300,000 lettres par jour ; or,
assurément, 300,000 lettres simples ne pèseraient pas
plus que 30,000 exemplaires d'un journal de grand
format. Eh bien ! est-ce que s'il paraissait un journal
nouveau ayant ce nombre d'abonnés, il faudrait réformer les malles-postes et en faire faire de nouvelles ?
Est-ce que les chemins de fer ne tendent pas chaque
jour à se substituer partout à cet ancien mode de transport ?.... Quant à l'augmentation du nombre des employés et des facteurs, est-ce que l'uniformité de la
taxe ne simplifiera pas les opérations de la taxation, et
n'abrègera pas le temps qu'exigent aujourd'hui le décompte et le recouvrement des ports de lettres ? Une

seule augmentation de dépenses pourrait résulter de l'adoption du tarif à 20 centimes, ce serait celle à laquelle pourraient donner lieu, sous forme d'indemnité, les justes réclamations des directeurs de bureaux à taxations, au nombre de 2,314, dont le traitement moyen est d'environ 800 fr., dans le cas où, contre nos prévisions, le nombre des lettres susceptibles de réduction ne s'élèverait pas assez rapidement à 162 millions.

6° Ce que nous venons de dire de la vente des poudres et des tabacs s'applique aux frais dont le port d'une lettre s'augmente en raison de la distance parcourue. Comment répartir des frais aussi peu sensibles, aussi peu difficiles à évaluer que les frais variables de tradition ? On n'aboutirait, en la compliquant, qu'à rendre plus arbitraire la taxation qu'on voudrait rendre plus rigoureusement égale.

7° Prétendre que la taxe à 20 centimes ne sera pas une taxe uniforme, parce qu'elle admettra comme exceptions, moyennant 10 centimes, les lettres qui, sous l'empire des tarifs actuels, circulent à ce prix, et moyennant 15 centimes les lettres de Paris pour Paris, c'est, à défaut de bonne raisons, attacher aux mots une importance exagérée. Peu importe que l'expression soit plus ou moins juste, si la taxe a cessé d'être inégale et inconstitutionnelle.

8° Les objections tirées de ce que l'abaissement de la taxe des lettres importe peu au commerce et encore moins aux classes pauvres, de ce qu'on n'écrira pas sensiblement plus, etc., etc., sont aussi celles qu'on élevait en 1839, en Angleterre, contre toute réforme postale ; l'expérience en a fait justice. Si le résultat est resté au-dessous des prévisions de M. Rowland-Hill, il n'en a pas moins été considérable et décisif, ainsi que l'attestent toutes les enquêtes qui ont été ordonnées et tous les documents qui ont été publiés.

En 1839, M. le colonel Maberly, secrétaire général du *Post-Office*, affirmait que « la taxe uniforme était « repoussée par l'opinion publique ; que le nombre « des lettres ne doublerait pas la première année, « quand même tout le peuple aurait la franchise; « qu'on aurait beau réduire les tarifs, les pauvres « n'écriraient pas plus de lettres; qu'il en serait de « même du commerce qui ne reculait pas devant les « tarifs élevés, et que la contrebande continuerait à « lutter avantageusement contre la poste, malgré les « réductions; qu'enfin, si la taxe à dix centimes était « adoptée, le revenu de la poste ne s'en releverait pas de 40 à 50 ans. »

Lord Lichfield, maître général du *Post-Office* en 1839, prétendait qu'il faudrait, pour que la poste retrouvât son ancien revenu, un nombre de lettres douze fois plus considérable que celui existant, et de son calcul, il concluait que la poste serait obligée de demander une subvention au parlement pour couvrir ses dépenses.

Des deux parts, il y avait exagération en sens contraire : de la part des adversaires du *penny-post* bien plus encore que de la part de ses partisans; sept années d'expérience ont fait justice de toutes les fausses évaluations. Il n'est plus contesté aujourd'hui que les classes pauvres, le petit et le grand commerce, aient profité de la réduction de la taxe. C'est un fait qui a été publiquement reconnu par lord Lowther, depuis lord Lonsdale, maître général du *Post-Office*, et par M. Smith, surintendant de la poste de Londres. La souscription ouverte en faveur de Rowland-Hill par le commerce de la Cité de Londres, et en tête de laquelle figurent les noms de sir Robert Peel, de lord John Russel, du marquis de Landsdown, de M. Baring, dernier chancelier de l'échiquier, etc., etc., a répondu victorieusement à l'argument de la prétendue impopularité de la taxe uniforme. C'est donc aujourd'hui, sous tous les rapports, une question entièrement jugée. On sait ce que cette réforme a coûté, on sait ce qu'elle a produit. Il est certain que les avantages définitifs eussent été considérables, et les sacrifices temporaires très-faibles, si l'opinion de lord Lonsdale, d'accord avec celle de M. Mac-Culloch, eût prévalu, si, au lieu d'abaisser inconsidérément la taxe à 10 centimes, on se fût borné à l'abaisser uniformément à 20 centimes. Toute exagération d'une idée juste la convertit en idée fausse. C'est ce qui est arrivé à l'idée de M. Rowland-Hill. S'il ne lui avait demandé que ce qui était en elle, aujourd'hui la taxe uniforme eût déjà fait le tour de tous les États civilisés. Aucun n'eût hésité à s'en assurer les avantages au prix d'un sacrifice de courte durée.

Prétendre que la taxe uniforme à 20 c. a tous les inconvénients de la taxe à 10 c., sans offrir l'avantage de dégrever la correspondance des classes pauvres, c'est se retrancher derrière un argument et des éva-

luations qui ne résistent pas au plus léger examen.
Pour prouver que la perte serait la même, il faut admettre deux suppositions qui se contredisent : la première, que l'abaissement de la taxe à 20 c. n'augmentera que faiblement le nombre des lettres ; la seconde,
que l'abaissement de la taxe à 10 c. donnera aux correspondances une immense impulsion.

Quant aux classes pauvres, au nom desquelles on
repousse l'abaissement de la taxe à 20 c., est-ce bien à
ceux qui veulent maintenir le tarif de 1827 à montrer
pour elles tant de sollicitude ? N'y a-t-il donc pas, dans
les départements les plus éloignés du centre, une mul-
titude de familles pauvres dont les enfants sont venus
à Paris pour y chercher du travail, y exercer une pro-
fession, ou satisfaire aux prescriptions de la loi qui les
a appelés à servir sous les drapeaux ? A courte distance,
le pauvre n'écrit pas ; il se rend à pied là où l'appellent
ses affaires et ses affections de famille. A longue distance, à moins d'une nécessité impérieuse, il n'ose pas
écrire, car ce serait s'exposer à recevoir une réponse
qui pourrait lui coûter le salaire d'une journée de travail. Or on a fait le calcul suivant : si 1 fr. pour un ouvrier représente une demi-journée de travail, le payement de la taxe d'une lettre sera pour lui une dépense
égale à celle de 137 fr. pour un particulier qui jouirait
de 10,000 fr. de revenu. La taxe à 20 c. ne profitât-
elle pas aux classes peu aisées de la société autant
que nous le voudrions et que nous le croyons, qu'il
suffirait qu'elle n'imposât au trésor public qu'un
sacrifice de courte durée, par suite du développement imprimé aux correspondances déjà existantes,

pour qu'elle fût une incontestable et importante amélioration.

Telle est l'opinion de votre majorité, qui croit
n'avoir laissé sans réponse aucune des objections
de la minorité contre la taxe uniforme à 20 c.

Nous ne dirons que peu de mots de la taxe graduée.

Soit qu'on adoptât le projet de loi du gouvernement
présenté le 26 février 1846, qui réduisait de 20 à 10 c.
les 28,000,000 de lettres comprises dans le premier
rayon de 40 kil. (perte 2,800,000 fr. sur une seule zône,
et c'est dans celle-là précisément que la taxe n'a rien
d'excessif!), soit qu'on lui préférât le projet amendé par
la commission chargée de son examen, et qui choisit
pour son rapporteur l'honorable M. Vuitry, le vote de
l'un ou de l'autre de ces deux projets n'eût pas eu lieu
sans imposer au trésor public des sacrifices considérables. Ces sacrifices ont été évalués, pour 1845, à
9,505,000 fr. dans le premier cas, et à 12,361,000 fr.
dans le second, décime rural en dehors. Telle qu'elle
existe, la taxe graduée avec ses onze zônes soulève de
nombreuses réclamations; elle est excessive, et le gouvernement lui-même l'a reconnu, puisqu'il vous a proposé de la réduire au prix d'un sacrifice annuel de plus
de 9,000,000, décime rural en dehors. Le tarif de 1827
a fait son temps : ainsi l'a jugé la commission de 1846,
par l'organe de son honorable rapporteur, M. Vuitry,
s'exprimant en ces termes : « La réforme de la taxe
« des lettres est une question dont la solution, suffisam-
« ment préparée, impatiemment attendue, ne peut être
« retardée plus longtemps... *La nécessité d'une réforme*
« *est un fait désormais acquis.* Le tarif des zones éloi-

« gnées est d'une exagération qui tout à la fois produit
« une véritable inégalité dans les charges et entrave les
« développements de la correspondance. *Les intérêts*
« *du commerce et de l'industrie sont donc sérieusement*
« *engagés dans cette question, dont on ne peut méconnaî-*
« *tre non plus le côté moral.* » Réduite, quel que soit le
système qu'on adopte, la taxe graduée a ce double dés-
avantage : de diminuer plus ou moins notablement les
produits, et cependant de ne pas mettre fin à l'arbitraire inhérent à la portion de la taxe qui excède le remboursement des frais, dès que cette portion, représentant l'impôt, n'est pas exactement la même pour tous.
Ajoutons enfin que si l'on multiplie le nombre des zones, on multiplie les chances d'erreur, en compliquant
la taxation; si, au contraire, l'on restreint trop étroitement le nombre des zones, on détruit évidemment toute
l'économie de la taxe graduée.

Ces considérations ont paru décisives à la majorité
de votre commission.

Le système auquel M. Rowland-Hill a eu l'honneur
d'attacher son nom reposait sur ces deux bases :

Réduction de la taxe à 1 penny;

Affranchissement obligatoire, soit au moyen de papier à lettre timbré d'avance, soit d'estampilles frap-
pées ou appliquées sur l'adresse, et dont le coût devait
être égal à la taxe d'une lettre simple.

Ce système fut modifié; on se borna à favoriser l'affranchissement par une prime de 100 p. 100, en ne faisant payer aux lettres affranchies que la moitié du port

auquel les lettres non affranchies furent assujetties, 1 penny au lieu de 2 pences.

L'affranchissement obligatoire des lettres, plus encore que l'exagération dans l'abaissement de la taxe, fut l'erreur de M. Rowland-Hill. Il se laissa abuser, et par la crainte qu'une trop rapide augmentation dans le nombre des correspondances ne devînt une cause de désordre et de retard dans la distribution, et par le désir de simplifier les opérations de la taxation et de gagner du temps sur la remise des lettres. Il se complut dans la séduction d'une idée ingénieuse. Les idées ingénieuses sont le plus souvent des idées perfides, dont on ne saurait trop se défier. M. Rowland-Hill ne s'aperçut pas, ce qui était cependant bien facile à voir, que l'affranchissement des lettres, dans le but d'abréger certaines opérations administratives, et l'abaissement de la taxe dans le but d'encourager le développement des correspondances, étaient deux opérations dont la première nuisait à la seconde. En français, cela s'appelle un contre-sens. Par qui les lettres sont-elles produites ? Ce n'est pas par ceux qui les reçoivent, mais par ceux qui les écrivent. Donc c'était une faute que de faire retomber sur ces derniers tout le poids de la taxe, si léger qu'il dût être, et d'exiger d'eux qu'ils rétribuassent un service avant qu'il fût rendu ; c'était mettre, dans une certaine mesure, obstacle à la production. Peut-être, sans cette faute, l'augmentation des lettres eût-elle déjà suffi à compenser la différence résultant de l'abaissement de la taxe. Le parlement, il est vrai, n'a pas adopté d'une manière absolue l'affranchissement obligatoire ; mais il l'a adopté d'une manière indirecte. Peut-on dire que l'affranchissement soit demeuré facultatif, lorsqu'on sait que l'on fera payer à celui à qui l'on adresse une lettre le double de la taxe qu'on eût payée si on l'eût soi-même acquittée? Ce serait s'exposer à l'accusation d'avarice, ou tout au moins de négligence. Si un certain nombre de correspondances (7 p. 100 environ) continuent de s'échanger sans être affranchies, nul doute que cette infraction à l'usage qui considère aujourd'hui comme un manque de politesse d'écrire une lettre sans l'affranchir, ne s'explique par l'importance des lettres et par le désir d'en rendre plus sûre la remise au destinataire; car un grave inconvénient encore de l'affranchissement, encouragé et généralisé par une prime aussi forte que la réduction de la taxe à moitié, c'est qu'il a pour effet d'assimiler les lettres aux circulaires, prospectus et autres imprimés qu'on dédaigne souvent d'ouvrir, d'accroître ainsi les risques de négligences et d'infidélités, de supprimer enfin une garantie précieuse. Non pas que nous entendions inculper l'administration des postes ni ses agents; non pas que nous veuillons dire qu'elle apporterait moins de scrupule dans la remise des lettres affranchies que dans la remise des lettres dont elle aurait recouvré la taxe : nous supposons que ces deux parties du service marcheraient de pair et rivaliseraient d'exactitude; mais il faut tenir compte des épreuves par lesquelles une lettre passe encore, alors qu'elle est sortie de la boîte du facteur, pour être remise aux mains du destinataire. Le plus souvent, elle est délivrée à des tiers : portiers, employés, domestiques; le payement du port, dont ceux-ci ont fait l'avance, et dont ils tiendront à se faire rembourser, est ce qui assure la remise de la lettre. Il ne serait pas prudent, il ne serait pas bon de changer cet état de choses, surtout à Paris, où, à la différence de Londres, les maisons comptent un immense nombre de locataires. Nonobstant cette différence, l'enquête anglaise faite en 1843 n'en a pas moins constaté que le nombre des lettres réclamées et *non retrouvées* avait décuplé en 1840 et 1841 de ce qu'il était en 1839, et octuplé en 1842. Sans doute, l'affranchissement a pour avantage de diminuer le nombre des rebuts ; mais, entre l'avantage de diminuer dans une certaine proportion le nombre des rebuts et l'inconvénient d'accroître à l'infini les risques de négligences et d'infidélités, votre commission a pensé qu'il n'y avait pas à hésiter : l'intérêt du public doit passer avant celui de l'administration. Elle s'est donc prononcée contre toute prime donnée à l'affranchissement.

La taxe devra être la même pour la lettre non affranchie comme pour la lettre affranchie : ni préférence ni exclusion. C'est, à cet égard, le maintien de ce qui est.

Le poids de la lettre simple est de 15 grammes environ en Angleterre. En France, ce poids est au-dessous de 7 grammes 1/2. Votre commission s'est posé la question de savoir s'il ne convenait pas d'élever ce poids à 10 grammes, afin de le mettre en accord plus parfait avec le système décimal, et de donner à la correspondance, déjà encouragée par l'abaissement de la taxe, cette facilité de plus.

Après s'être assurée que le poids de 7 grammes 1/2 n'était pas atteint par une lettre écrite sur une feuille

de 10 décimètres carrés mise sous enveloppe et ca-
chetée à la cire ; considérant que l'élévation du poids à
10 grammes aurait pour conséquence une diminution
de 500,000 fr. environ, et pourrait fournir un argument de plus aux adversaires de la proposition, votre
commission, comme la commission de 1844, ayant
pour rapporteur l'honorable M. Chégaray, comme la
commission de 1846, ayant pour rapporteur l'honorable M. Vuitry, a été d'avis que ce n'était pas au moment où les lettres pesantes vont elles-mêmes profiter
de la réduction de la taxe des lettres simples qu'il fallait élever cette limite, et ajouter un nouveau sacrifice,
qui serait peut-être permanent, aux sacrifices temporaires demandés au service des postes.

Plus tard, si toutes nos prévisions sont réalisées, si
le nombre des lettres s'accroît dans une proportion telle
qu'elle compense promptement la diminution de taxe,
il sera temps d'élever de 7 grammes 1/2 à 10 grammes
le poids de la lettre simple. Ce sera peut-être alors une
nécessité, afin de rendre plus simples et plus rapides
encore les opérations de la taxation, en écartant davantage le premier et le second degré de l'échelle de pesanteur. Après mûres délibérations, votre commission,
dans le désir de circonscrire le débat et de faciliter le
vote, a décidé que ce qu'elle avait de mieux à faire, c'é-
tait de se borner à l'adoption pure et simple de la proposition de l'honorable M. Glaïs-Bizoin, les termes en
étant exactement les mêmes que ceux de l'amendement
déjà voté dans la séance du 7 février 1845. Votre commission a cru devoir seulement ajouter deux mots au
texte de la proposition, non pour en modifier la pensée,

mais pour en préciser la rédaction et prévenir toute difficulté d'interprétation dans l'application de la taxe. La loi du 15 mars 1827, en fixant le poids de la lettre simple, dit : *au-dessous* de 7 grammes 1/2 ; nous avons rétabli le mot *au-dessous*. La loi du 3 juin 1829 réduit de 2 à 1 décime le port de la lettre simple déposée dans un *bureau de poste* pour une *distribution* dépendant de ce bureau ; afin qu'aucun vague ne pût subsister à cet égard, et qu'il fût bien entendu que nous ne voulions rien changer à l'art. 4 de la loi du 3 juin 1829, et aux rapports existants entre la *distribution* et le *bureau de poste*, nous avons complété sa désignation. Ainsi donc la proposition ne change rien, absolument rien aux dispositions des lois en vigueur, que ce qui est relatif au prix des lettres simples, lequel demeure fixé à 20 c., au lieu de varier de 2 à 12 décimes selon la distance.

La fraude a deux causes : pour les grandes distances, elle est entretenue par l'exagération de la taxe ; pour les petites distances, elle s'explique, dans un très-grand nombre de cas, par l'imperfection des services locaux. Des villes du même arrondissement, situées à moins de 20 kil. l'une de l'autre, mettent souvent plus de temps à correspondre entre elles qu'il n'en faudrait à une lettre pour parcourir un trajet direct vingt fois plus long entre elles et Paris.

Le remède à la première moitié de ce mal, M. le ministre des finances a pris soin de l'indiquer en ces terme, dans l'exposé des motifs du projet de loi du 26 février : « Certainement, des tarifs peu coûteux sont

« le plus puissant obstacle qui puisse être opposé à la
« fraude. »

Le remède à la seconde moitié du mal s'indique de
lui-même. L'administration des postes, nous le reconnaissons, a déjà beaucoup fait pour améliorer l'important service dont elle est chargée ; qu'elle fasse plus
encore ; qu'elle ne borne pas ses efforts à accélérer la
vitesse de ses malles, à donner satisfaction aux nécessités et aux exigences des grandes lignes et des grandes villes ; qu'elle porte aussi sa vigilance et son attention sur un grand nombre de petites localités qui
souffrent des retards et des difficultés qu'éprouve l'é-
change de leurs correspondances. Le service des postes est un service dont il faut s'occuper sans relâche ;
il doit constamment se maintenir à la hauteur de tous
les progrès que fait la société, de tous les besoins
qu'elle contracte. Aucune administration n'exige une
attention plus judicieuse, une vigilance plus soutenue,
une surveillance plus sévère dans les détails et dans
l'ensemble. C'est en utilisant tous les moyens de rendre la correspondance plus facile, plus rapide et plus
sûre, c'est en n'en négligeant aucun qu'on parviendra,
en peu de temps, à faire produire à la taxe uniforme
tous ses fruits, et à vaincre l'habitude que le vice des
choses a fait contracter, de se servir, dans beaucoup
de cas, d'une autre voie que celle de la poste. En matière de correspondance, ce qui est la conséquence
forcée, inévitable, de l'imperfection ou de l'impuissance du service, mérite-t-il la qualification de fraude,
qualification dont il faut se garder d'émousser inconsidérément la sévérité préventive ? Evidemment non. Ce

qu'il faut donc faire, c'est resserrer si étroitement les mailles de ce vaste réseau qu'on appelle la poste qu'il n'y puisse passer au travers que le plus petit nombre de lettres possible. L'expérience est là pour attester que toute amélioration accomplie dans le service des postes a toujours produit au delà de ce qu'elle a coûté. Un seul fait, à peine croyable, montrera tout ce qui reste encore à entreprendre : le nombre des levées, à Paris, est moins considérable aujourd'hui qu'il ne l'était en 1763 ; il y avait alors neuf levées ; il n'y en a maintenant que six, nombre évidemment au-dessous des besoins qui se sont accrus en proportion de l'immense développement des affaires et de l'augmentation considérable de la population.

Nul doute que l'affranchissement, stimulé par une forte prime, ne soit un moyen de diminuer le nombre des rebuts, aussi bien que l'abaissement de la taxe est un moyen de diminuer le nombre des fraudes ; mais nous croyons avoir démontré que ce serait acheter trop cher cet avantage, surtout s'il est vrai, comme le prétend l'administration des postes, que le plus grand nombre des lettres qui tombent en rebut soient des circulaires écrites par les officiers ministériels, les agents d'affaires et les commerçants à leurs clients. Le nombre des rebuts, proportionnel au nombre des lettres, évalué à 2, 75 p. 100, diminuera de lui-même par suite de l'abaissement du tarif. Beaucoup de lettres sont refusées aujourd'hui, parce que, dans l'ignorance de ce qu'elles contiennent, la taxe à payer n'est pas en proportion du risque de n'y rien trouver d'im-

portant. Il y a des risques auxquels on ne s'expose vo-
lontairement qu'autant que la prime à débourser n'est
pas trop forte. Il a été constaté que sur 3,000,000 de
lettres tombées en rebut, 1,800,000 avaient été *refu-*
sées. Beaucoup de lettres aussi tombent en rebut parce
que les employés de l'administration des postes n'ont
peut-être pas assez d'intérêt à se donner grand'peine
pour rechercher et trouver les traces d'une lettre mal
dirigée, mal adressée. Rien de plus facile que de mettre sur 1,000,000 de lettres : *destinataires inconnus,*
ou : *personnes parties sans indiquer leur nouvelle de-*
meure. Cet intérêt, qui serait moindre encore dans le
système de l'affranchissement primé , ne peut-il être
créé? Dans les grandes manufactures, rien n'est épargné pour y diminuer les déchets. Tout ce qui atteint ce
but est considéré comme un véritable progrès. L'administration des postes ne doit également rien épargner pour diminuer le nombre des lettres tombées en
rebut. Deux motifs lui en imposent le devoir : le premier, c'est de donner à ceux qui écrivent, même in-
correctement, même illisiblement, la sécurité la plus
illimitée ; le dernier, c'est d'assurer au trésor le remboursement des frais dont il a fait l'avance.

Chaque membre de la chambre des lords et de la
chambre des communes (1) pouvait recevoir en franchise 15 lettres par jour et en expédier 10. Un document imprimé en 1838, par ordre de la chambre des

(1) Les membres de la chambre des lords sont au nombre de
350, ceux de la chambre des communes au nombre de 650. Ensemble, 1,000.

communes, porte à 3,084,441 le nombre des lettres reçues ou expédiées en franchise par les membres du parlement, et à 5,270,993 le nombre total des lettres reçues ou expédiées en franchise, représentant une valeur de taxe de 1,064,873 liv. sterl. L'abus des franchises était poussé à tel point que les membres du parlement ne se faisaient pas faute d'user de ce privilége pour leurs affaires commerciales ou privées, et, lorsque ces affaires n'épuisaient par leur droit de contre-seing, ils en faisaient à des tiers la concession, soit gracieuse, soit utile. L'abolition générale des franchises n'en a pas moins été prononcée en Angleterre.

En France, le nombre des franchises illimitées ou limitées, résultant de la qualité des destinataires ou de l'apposition du contre-seing, et réglé par les ordonnances royales des 6 août 1817, 19 août 1818, 14 décembre 1825 et 17 novembre 1844, est si considérable qu'il suffit pour remplir 151 p. in-fol. de l'*Instruction générale pour le service des postes*. Ces franchises donnent lieu à des abus qui ne sont pas contestés. Comment les supprimer, ou tout au moins les réprimer ? La commission de 1844, ayant pour rapporteur l'honorable M. Chégaray, avait pensé que, « si la taxe était « abaissée à 20 c., il serait facile de détruire l'abus des « franchises en supprimant toutes les franchises et en « ouvrant à chaque administration, pour le payement « de ses ports de lettres, un crédit d'ordre dont elle « userait sous sa responsabilité, et dont l'emploi pour- « rait être plus facilement contrôlé que l'est l'usage du « contre-seing. »

M. le ministre des finances, à qui votre commission

a soumis cette question, ne croit pas que ce retour à un ancien mode qui a été abandonné après avoir été partiellement pratiqué, fasse disparaître les abus qu'il s'applique à réprimer. Une autre question, se rattachant au même objet, avait préoccupé la commission de 1846, ayant pour rapporteur l'honorable M. Vuitry : c'était celle de savoir si la franchise et le contre-seing, constituant l'exemption d'une charge publique qui ne peut être accordée que dans un intérêt de service légalement reconnu, avaient pu être réglés par l'ordonnance et ne devaient pas l'être par la loi. — La commission de 1846 a reconnu et déclaré que « si, dans son application, des exigences de service peuvent amener un « certain degré de mobilité qui ne permet pas au lé- « gislateur de régler les détails et qui l'oblige à procé- « der par voie de délégation, dans ce cas, c'est à des « ordonnances royales, rendues dans la forme des rè- « glements d'administration publique, et non pas à de « simples ordonnances, que le soin de suppléer le lé- « gislateur doit être confié. »

Votre commission, messieurs, fermement convaincue que l'abaissement de la taxe des lettres à 20 c. aura pour résultat, sinon de faire disparaître entièrement, du moins de diminuer considérablement l'abus des franchises, a cru devoir se borner à rappeler à l'attention du gouvernement l'opinion motivée, émise par la commission de 1846.

Nous nous étions posé, au commencement de ce rapport, huit questions ; si nous ne les avons pas toutes résolues, du moins n'en avons-nous pas éludé une seule, et n'avons-nous passé sous silence aucune des objections qui ont été présentées contre le système de la taxe uniforme, soit dans le sein de votre commission, soit à la tribune.

Il ne nous reste plus qu'à conclure. Si nous avons su, messieurs, vous faire partager les convictions qui ont animé la majorité de votre commission, vous n'hésiterez pas à adopter la proposition dont vous nous avez confié l'examen :

Vous n'hésiterez pas, parce que le tarif de 1827 est en opposition manifeste avec la charte de 1830 ;

Vous n'hésiterez pas, parce qu'un ajournement plus longtemps prolongé risquerait de devenir indéfini et en quelque sorte dérisoire ;

Vous n'hésiterez pas, parce qu'il ne s'agit point d'imiter la réforme dont l'Angleterre a pris l'initiative dans ce qu'elle a eu d'excessif et d'inconsidéré, mais seulement dans ce qu'elle a de raisonnable et d'éprouvé ;

Vous n'hésiterez pas, parce que les principaux arguments présentés contre la taxe à 10 c. sont décisifs en faveur de la taxe à 20 c. ;

Vous n'hésiterez pas, parce qu'il suffira, pour que la différence de produit causée par la taxe à 20 c. soit compensée par l'augmentation du nombre des lettres, que ce nombre s'élève à 2,20,000,000 de lettres, ce qui, en moyenne, représente 6 lettres par habitant et par an ;

Vous n'hésiterez pas, parce que vous tiendrez compte des 8,500,000 d'habitants que la France compte de plus que l'Angleterre, et de la centralisation qui multiplie à l'infini les rapports de nos 85 départements avec Paris ;

18

Vous n'hésitez pas, parce que vous ferez ce calcul que les cinq catégories des taxes actuelles de 86 cent. à 1 fr. 27 ne comprennent que sept millions de lettres; or, pour ces cinq catégories, le dégrèvement étant dans la proportion de 80 à 120 p. 100, ne saurait manquer d'exercer une influence considérable, surtout lorsqu'il pourra se combiner avec le changement apporté dans toutes les distances et dans toutes les relations par les chemins de fer, qui d'ici à quelques années rapprocheront de Paris [Bordeaux, Bayonne, Pau, Toulouse, Perpignan, Montpellier, Marseille, Lyon, Saint-Etienne, Besançon, Colmar, Strasbourg, etc., etc., comme déjà ils en ont rapproché Lille, Valenciennes, Le Hâvre, Orléans, Tours, etc. ;

Vous n'hésiterez pas, parce que c'est vraiment une contradiction dans la loi que deux taxes : l'une graduée selon les distances pour les lettres, l'autre uniforme pour les journaux et imprimés ;

Vous n'hésiterez pas, parce que ce sera une satisfaction donnée à la presque unanimité des conseils généraux (77 sur 86), et, quoi qu'on en dise, un véritable soulagement pour un immense nombre de familles pauvres et pour le petit commerce, ainsi que l'a formellement reconnu la commission de 1844, chargée de l'examen du projet du gouvernement;

Vous n'hésiterez pas, enfin, parce qu'il est certain que la diminution dans les produits ne sera que de courte durée; cette affirmation a pour preuves et pour garanties :

Le nombre des lettres qui a doublé en quatre ans dans le district de Londres, bien que la taxe n'ait été abaissée que de 2 pences à 1 penny;

Le nombre des lettres étrangères qui a plus que doublé, bien que la taxe ait été réduite seulement dans la proportion moyenne de 2 schellings 1/2 à 1 schelling;

Le nombre des lettres d'Angleterre pour France, qui, antérieurement à la convention du 3 avril 1843 (laquelle en a réduit le port de 2 fr. à 1 fr.) n'était que de. 1,029,000

et qui en 1846 s'est élevé à. 1,800,000

différence 771,000 (1) lettres;

Le nombre des lettres des soldats et des marins, qui, de 600,000 en 1842, s'est élevé à 980,000 en 1846, par l'effet de la modération de taxe (25 c.) dont ils jouissent;

La progression continue des correspondances, qui, malgré les obstacles qu'elle a rencontrés dans le tarif de 1827, s'est accrue chaque année, en moyenne, de 2,300,000 lettres;

Le nombre des articles d'argent, qui n'avait été, en janvier 1846, que de 131,313, et qui, en janvier 1847, postérieurement à la réduction de 3 à 2 p. 100, s'est élevé à 149,999; augmentation pour un seul mois : 18,686 articles. En Angleterre, le nombre de ces articles, *moneys orders*, qui, avant la réduction du droit de 6 deniers à 3 deniers, n'avait été, en 1839, que de 126,859, s'est élevé, en 1845, à 2,806,803. Augmentation : 1,402 p. 100;

---

(1) De l'aveu même de l'administration des postes, cette augmentation, dans le cas où le port des lettres n'aurait pas été abaissé, calculée d'après la moyenne des trois dernières années qui ont précédé l'époque de la mise à exécution de la convention du 3 avril, n'aurait pas excédé 21,000 lettres.

L'augmentation de produits, dont l'administration des postes est redevable, en partie, à l'abaissement du prix d'abonnement des journaux : avant l'avénement de la presse à 40-48 fr., en 1836, les journaux et imprimés ne rapportaient que 1,417,159 fr. ; ils ont rapporté, en 1846, 2,338,268 fr., tandis que les autres imprimés sont restés stationnaires (1) ;

L'augmentation analogue dont l'administration du timbre est redevable aux mêmes causes : en 1836, le timbre sur les imprimés n'avait produit que 2,227,539 fr. (289,674 fr. de moins qu'en 1831) ; en 1846, il a produit 4,757,503 fr. ;

Ce double fait : le droit du dixième perçu sur les voitures publiques, qui n'était, en 1816, que de 1,669,367 fr., et qui s'est élevé, en 1845, à 8,771,449 fr., indépendamment du droit sur les voyageurs des chemins de fer, qui a rendu 617,802 fr. : accroissement 525 p. 100 ; tandis que le produit de la taxe des lettres, qui était de 19,825,000 fr. en 1816, ne s'est élevé en 1845 qu'à 46,678,388 fr. : accroissement 235 p. 100 ; ainsi la circulation des lettres ne s'est pas augmentée en proportion de celle des hommes ; or n'est-ce pas le contraire qui aurait dû avoir lieu ?

Cette première application du principe de la modération des taxes sans diminution du revenu public, si elle réussit, messieurs, comme nous n'en doutons pas, sera une victoire féconde remportée par la science économique et financière sur les résistances administratives

---

(1) 1836. Imprimés autres que journaux. 430,136 fr.
    1846.   Idem.   453,265

et fiscales qui s'opposent invinciblement à tout progrès parmi nous, alors que près de nous est une nation qui ne doit sa grandeur et sa prospérité qu'à la vigueur d'initiative dont elle nous donne l'exemple.

L'excès de la prudence, comme tout autre, est nuisible ; que deviendraient l'industrie et le commerce s'ils n'osaient rien confier aux hasards du crédit? Ils périraient par la cause même à laquelle ils demanderaient aveuglément leur salut. Nous avons beaucoup donné aux hasards de la guerre ; donnons un peu aux hasards de la paix. Ayons donc assez de confiance en elle pour ne pas craindre de lui faire crédit.

PROPOSITION.

PROPOSITION.	AMENDEMENT DE LA COMMISSION.
Article unique.	*Article premier.*
A partir du 1er janvier 1848, toute lettre simple du poids de sept grammes et demi, circulant dans l'intérieur de la France, de bureau à bureau, sera soumise à une taxe uniforme de 30 centimes.	A partir du 1er janvier 1848, toute lettre *au-dessous* du poids de sept grammes et demi, circulant dans l'intérieur de la France de bureau *de poste* à bureau *de poste*, sera soumise à une taxe uniforme de 20 centimes.

RÉFORME

DE LA

POSTE AUX CHEVAUX.

1843.

RÉFORME

DE LA

POSTE AUX CHEVAUX.

A M. PIRON,

Sous-directeur de l'administration des postes. — Service des relais.

La réduction radicale du prix d'affranchissement des lettres et la substitution de l'unité de taxe aux taxes compliquées actuellement en vigueur, et variables à l'infini selon le poids et la distance, sont des idées dont je pourrais établir, en invoquant votre irrécusable témoignage, que la priorité m'appartient.

Plusieurs années avant que M. Rowland Hill ait eu l'honneur d'attacher son nom à cette réforme, plusieurs années avant que vous ayez livré à l'impression votre remarquable écrit intitulé : *Du service des postes et de la taxation des lettres au moyen d'un timbre*, dès 1832, vous le savez, nous nous étions entretenus des divers avantages qu'il y aurait, particulièrement en France, pays de centralisation, de petite propriété et de peti négoce, à adopter, pour le transport des lettres, une taxe n'excédant pas deux décimes ; mais qu'importe le douteux et stérile honneur d'avoir eu le premier la pensée d'une réforme utile, si l'on n'y joint pas le mérite d'avoir été le premier à la faire prévaloir ! Or cette priorité, la seule qui ne soit ni vaine ni contestable, la seule dont il soit digne d'un esprit sérieux de se montrer jaloux, est encore à tenter quelqu'un en France, malgré tous vos louables efforts pour rendre la question aussi simple à étudier que facile à résoudre.

Aujourd'hui ce n'est plus de l'utilité de la réforme postale, de la réduction du port des lettres et de l'adoption d'une taxe unique que je me propose de vous entretenir. Tout a été dit en faveur de cette amélioration au sein des conseils généraux, à la tribune et dans les journaux ; je viens vous parler de la nécessité d'une réforme analogue, qui rentre étroitement dans vos attributions de sous-directeur chargé d'assurer le service des relais, réforme à laquelle l'établissement des chemins de fer donne un intérêt de circonstance, et qui me paraît digne, de votre part, d'un examen approfondi.

Cette réforme est celle du service des relais de poste, service important qui n'est plus aujourd'hui en rapport avec les changements qui se sont opérés dans les fortunes et avec les besoins nouveaux de circulation qui se sont créés et qui tendent chaque jour davantage à se développer.

A peine si ce service privilégié, qui reçoit de l'État à titre de *gage* et d'indemnité une subvention annuelle de huit cent mille francs environ, et des entreprises de voitures publiques une rétribution qui dépasse huit millions par an, à peine si ce service a fait un progrès depuis l'ordonnance du 19 juin 1464 signée Louis XI, qui fixait « à la somme de dix sols chacune course de cheval durant quatre lieues ! »

La vitesse moyenne parcourue, même sur la route de Bordeaux, et en payant, contrairement aux prescriptions formelles du règlement (art. 1057), 2 fr. 50 c. de guides au postillon, n'excède pas un myriamètre.

Le temps perdu en relayage, alors qu'on n'est pas précédé d'un courrier, dépasse en moyenne 15 minutes pendant le jour, et souvent une heure pendant la nuit, au mépris de l'article 1100 du règlement, qui n'accorde que cinq minutes pendant le jour et un quart d'heure pendant la nuit (1).

Sur cinq relais parcourus pendant la nuit, c'est à peine si l'on en trouve un où il y ait, conformément à l'article 1019 du règlement, de la lumière et un postillon de garde.

Les maîtres de poste, pressés par les voyageurs, leur répondent rarement avec convenance ; il semble trop souvent qu'ils n'existent que pour percevoir la rétribution de 25 centimes qui leur est allouée par la loi du 15 ventôse an XIII (6 mars 1805), et qu'ils ne soient tenus de relayer les voitures ; le service des relais serait gratuit au lieu d'être rétribué, il serait une charge onéreuse pour les maîtres de postes, au lieu

(1) Le temps accordé pour le relayage de la malle est de 3 minutes dans le jour et de 5 minutes pendant la nuit.

d'être une source de profit, qu'il ne serait pas fait généralement avec plus mauvaise grâce.

Le règlement (art. 1045) prescrit qu'il aura à chaque relai un registre d'ordre, destiné à recevoir les
plaintes que les voyageurs auront à consigner, et que
ce registre sera toujours à leur disposition ; mais ce
n'est jamais sans difficulté et qu'après avoir longtemps
insisté avec obstination qu'ils parviennent enfin à se le
faire représenter.

Si l'on en excepte les relais compris dans un rayon
rapproché de Paris et les chevaux spécialement affectés au service des malles-postes, service auquel, soit
dit en passant, tout est sacrifié, les chevaux de poste
sont généralement fort au-dessous des chevaux employés au service dans Paris des voitures-omnibus.

La grossièreté et la malproprété des harnais — si l'on
peut donner le nom de harnais à l'assemblage informe
et souvent grotesque de pièces de cuir, de bouts de
cordes et de ficelles qui tient le cheval attaché à la
voiture, — la grossièreté et la malpropreté des harnais
sont telles qu'elles feraient honte à l'époque où l'institution de la poste aux chevaux a vu le jour.

Les maîtres de poste sont tenus d'avoir à la disposition des voyageurs une *voiture solide et commode,
suivant le modèle qui leur en sera donné par l'administration* (1). Partez donc sur la foi de l'article 10 de
l'ordonnance du roi, et vous serez fort heureux, même

_____

(1) Ce modèle est encore à fournir. L'article 1062 du règlement s'exprimait ainsi : « Les maîtres de poste doivent en tout
temps tenir un cabriolet ou une petite calèche à la disposition
des voyageurs. »

sur la route de Paris à Toulouse, si, en attendant une heure à chaque relais, on parvient à vous procurer une voiture non suspendue et à peine couverte quelque détestable patache.

Enfin, qui le croira dans vingt ans ? En 1843, il faut encore faire à chaque relais, jour et nuit, le compte des kilomètres parcourus, et toutes les fois qu'il ne se solde pas par appoint, s'embarrasser la mémoire de la difficulté de retenir la somme à rapporter ou à payer. N'est-ce pas là l'enfance du monopole ?

En malle-poste on fait 14 kilomètres à l'heure en moyenne, et on ne paye que 1 fr. 75 c. par myriamètre, 70 fr. par quatre cents kilomètres ou cent lieues, payables au lieu du départ ;

En diligence on fait, relayage compris, 10 kilomètres à l'heure en moyenne, et le prix de la meilleure place (1), payable au lieu du départ, n'excède pas 1 fr. 20 c. par myriamètre, 48 fr. par quatre cents kilomètres ou cent lieues parcourus.

Ainsi d'une part :

Des relais soigneusement préparés, toujours prêts ; des chevaux de choix, frais et ayant mangé avant de partir, pas d'usure de voiture, aucun souci, aucun compte à faire en route ;

De l'autre :

Compte à faire et temps perdu à chaque relais ; ris-

---

(1) Le prix moyen du

coupé est de..........	12 c.	par kil. soit	1 f. 20 par myr.
—	intérieur.	10 1/2	—	1 05 —
—	rotonde..	09	—	0 90 —
—	banquette	05 1/2	—	0 66 —

ques fréquents causés par de mauvais postillons, usure de la voiture, et dépense s'élevant par myria-mètre, en minimum, à 6 fr. si l'on voyage seul, à 5 fr. si l'on est deux, à 2 fr. 66 c. si l'on est trois, à 2 fr. 25 c. si l'on est quatre, en admettant, dans ce derniers cas, la supposition la plus favorable, celle de deux chevaux seulement attelés, payés à raison de 2 fr. par myriamètre, et de deux chevaux non attelés, payés à raison de 1 fr. 50 c.

Quand on voyage en poste dans sa voiture, quel but se propose-t-on généralement ?

De voyager plus vite ;

De voyager plus commodément.

Or c'est précisément le but qu'on n'atteint pas, lorsqu'il en est ainsi, lorsque les entreprises de messageries, stimulées par la concurrence, font constamment de nouveaux efforts pour accélérer la vitesse et réduire les prix, et que les maîtres de poste, au contraire, se montrent à l'envi, les uns négligents, les autres dédaigneux, tous arriérés, comment l'usage de voyager en poste ne tendrait-il pas chaque année à devenir plus rare, à n'être plus qu'un expédient tenu en réserve pour les cas extrêmes, où il est impossible de se rendre différemment d'un point à un autre?

Et cependant c'est le contraire de cet état de choses qui devrait être la situation normale, dans un temps où le mouvement de l'industrie, du commerce, des relations de toute nature, va tous les jours croissant dans des proportions infinies, où le besoin de la rapidité des communications a donné le jour à la merveille des chemins de fer et de la navigation à vapeur.

Les routes auxquelles un chemin de fer ou un fleuve ne fait pas de concurrence devraient être couvertes de voitures de poste allant et venant. Les relais placés sur le passage des rails-ways devraient plus gagner à desservir les lignes transversales, qu'elles n'auraient perdu à ne plus relayer que fortuitement les lignes longitudinales.

C'est ainsi que devra se trancher la question de l'indemnité réclamée par les maîtres de poste pour le double préjudice qu'ils prétendent que leur portera, et que leur porte en effet momentanément l'établissement des chemins de fer, qui les prive à la fois du relayage des voitures de poste, et de la rétribution de 25 centimes prélevés par eux sur toutes les entreprises de voitures publiques ou de messageries, aux termes de la loi du 15 ventôse an XIII, rétribution qui fait payer huit millions par an à la généralité des voyageurs l'entretien d'un service qui, aujourd'hui tel qu'il se fait, ne profite qu'à un infiniment petit nombre de personnes (1), rétribution qui est devenue un anachronisme, un véritable contre-sens, puisqu'elle fait obstacle au perfectionnement et à l'économie des voies de transport, que l'État s'efforce d'encourager au prix des plus grands sacrifices. Que penser d'un impôt qui pèse sur les voitures suspendues (2), de

(1) 632 relais seulement sur 1831 desservent des malles-postes.

(2) On doit considérer comme *suspendues* les voitures dont la caisse est inhérente au train, lorsqu'elles ont des *siéges à ressort* dans l'intérieur (Cour de cassation, 24 mars 1832 et 21 décembre 1833). Une telle interprétation est encore en vigueur en 1843 ! ! !

préférence aux *voitures non suspendues,* faisant avec les mêmes chevaux moins de dix lieues en vingt-quatre heures? N'est-ce pas là consacrer la barbarie ?

Je reviendrai sur cette importante question, que je traiterai séparément.

L'inconnu des chemins de fer est immense ! C'est pourquoi il ne faut pas se lasser de dire et de répéter en toute occasion que l'État aurait dû s'en réserver l'exploitation. Leur voisinage des relais, loin de ruiner ceux-ci, en fera un jour la prospérité, en portant le mouvement et la vie là où ils n'existent pas encore, en les augmentant là où ils existent ; mais pour cela, il faut que les relais et les chemins de fer se prêtent un concours mutuel.

Tout mal produit par un perfectionnement durable n'est jamais qu'éphémère. Regardez de haut tous les changements, toutes les révolutions opérés par le génie de l'homme, et cette conviction bannira le doute de votre esprit s'il a pu s'y glisser.

Le déplorable état dans lequel sont aujourd'hui les relais de poste est un fait incontestable et qui n'est pas même contesté par les chefs de votre administration. Voici en quels termes l'accuse et cherche à le justifier votre honorable collègue M. Dubost, sous-directeur chargé de l'organisation des services :

« Depuis quelques années, le nombre des voyageurs « en poste diminue sensiblement. Un grand nombre « de relais privés de travail dépérissent et ne rem- « plissent plus qu'imparfaitement leur destination. Ce « fait aurait lieu d'étonner à une époque où le besoin « de communications plus rapides est vivement senti ;

« mais il s'explique par la division des fortunes en
« France et par le perfectionnement des entreprises
« de messageries. »

Exactement décrit, le mal est incomplétement expliqué ; la division des fortunes en France et le perfectionnement des entreprises de messageries ne sont
pas les deux seules causes du dépérissement des relais ;
il y en a une troisième : c'est la multiplication, peut-
être exagérée, des routes traversant des points différents, mais aboutissant aux mêmes extrémités ; quoi
qu'il en soit, le mal existe ; mais est-il sans remède ?
Non, car ce remède, M. Dubost lui même l'a entrevu,
l'a indiqué ; je n'aurai qu'à compléter sa pensée, qu'à
féconder le germe qu'il a déposé dans un écrit (1) qui,
comme le vôtre, prouve combien nos administrations publiques renferment d'hommes capables dont
l'activité et le bon vouloir sont paralysés, combien est
épais, large et profond ce boisseau appelé le gouvernement, qui peut cacher sous lui tant de lu-
mières !

Dans le siècle où nous vivons, toute cause devient
effet, tout effet devient cause. C'est la loi de la concurrence.

Les fortunes se divisent, les entreprises de messageries se perfectionnent, les routes se multiplient, se
font à elles-mêmes concurrence. Eh bien, il faut que
la poste aux chevaux ne reste pas stationnaire ; il
faut qu'elle ne demeure pas ce qu'elle était au temps
où Sully, Louvois, Colbert et Turgot en furent les

(1) POSTES, *Dictionnaire de commerce.*

19.

contrôleurs et les surintendants; il faut qu'elle se transforme; il faut qu'elle aussi se perfectionne et se ploie aux exigences du temps.

Mais, dit-on, c'est un service public! Est-il donc écrit pour l'éternité que l'industrie seule fera des progrès et que les services publics les plus imparfaits doivent être immuables?

Le problème à résoudre est celui-ci : Étant donnée une famille, ou une association composée de quatre personnes, faire qu'il ne lui en coûte guère plus de voyager en poste, à son aise et à son gré, que de voyager en voiture publique.

Pour être juste, il faut convenir que, si les voitures publiques offrent des avantages, ces avantages sont compensés par des inconvénients.

Ainsi, pour les malles-postes, l'avantage de l'économie et de la célérité est compensé par l'incertitude, et, dans la belle saison, par l'impossibilité presque absolue d'y trouver place, même en partant de l'un des points extrêmes pour se rendre à l'autre point extrême. Cet inconvénient est bien plus grave encore lorsque le trajet à parcourir par le voyageur est moindre que celui à parcourir par la malle-poste, puisque dans ce cas l'administration ne vous assure définitivement votre place que la veille à midi.

Pour les diligences, même incertitude, et même difficulté, pendant quatre mois de l'année, d'y trouver place, au moins ailleurs que dans la rotonde et l'intérieur.

Dans les malles-postes comme dans les diligences, même obligation de se soumettre à la loi commune, même impossibilité de stationner à son gré. L'on peut ainsi traverser tous les ans deux ou trois fois la même ville, sans avoir jamais pu satisfaire son désir de s'y arrêter pour voir un ami, un parent ou un monument.

Ces inconvénients, il faut le reconnaître, sont graves ; ils empêchent de s'effectuer beaucoup de voyages projetés ; ce sont ces inconvénients précisément qui assureraient les succès du système qui fait l'objet de ces réflexions.

Pour rendre les voyages en poste moins dispendieux et moins assujettissants, pour les mettre en quelque sorte à la portée de tout le monde, et en état de soutenir, sinon tout à fait la concurrence, du moins la comparaison avec les autres modes de transport, qu'y a-t-il à faire ?

Premièrement, il faut substituer au tarif, qui date du 19 frimaire an VII (9 décembre 1798), un tarif plus judicieux et mieux approprié à nos besoins nouveaux de circulation ; c'est ce qu'on aurait dû saisir l'occasion naturelle de faire en 1839 par l'ordonnance royale du 25 décembre, qui a prescrit qu'à dater du 1er janvier 1840, toutes les distances de postes seraient comptées par myriamètres et kilomètres, au lieu d'être comptées en lieues, demies et quarts de lieues ;

Deuxièmement, il faut que l'article 10 de l'ordonnance royale, qui prescrit que les maîtres de poste seront tenus d'avoir à la disposition des voyageurs une voiture solide et commode, suivant le modèle qui leur en sera donné par l'administration, cesse d'être un mensonge, et que cette prescription soit étendue ;

Troisièmement, il faut généraliser et perfectionner ce qui a lieu maintenant, toutes les fois que le gouvernement ou un fonctionnaire public expédie une estafette, munie d'un *part* délivré par le directeur de la poste aux lettres ; il faut qu'au moyen d'un récépissé donné dans de certaines formes et avec de certaines garanties qu'il s'agit de rechercher et qu'il ne doit pas être très-difficile de trouver, le voyageur, s'il le désire, puisse payer d'avance et soit dispensé de la contrainte de payer à chaque relais la distance parcourue.

Ces trois difficultés sont-elles insurmontables ? Je crois être assuré de pouvoir démontrer le contraire.

§ Ier.

Révision du Tarif.

Le tarif admet trois divisions de voitures :

1re, chaises, cabriolets, petites calèches à un seul fond avec *timon* ;

2e, voitures fermées et coupées, calèches avec *brancard* ;

3e, voitures fermées ou non à deux fonds égaux et calèches à deux fonds avec *timon*.

Il faut effacer d'un trait de plume ces divisions, qui ne sont pas strictement observées.

Le tarif détermine le nombre de chevaux à atteler,

suivant la division à laquelle appartient la voiture et le nombre des personnes.

Il faut substituer à ces bases, qui fléchissent sous le poids d'un édifice en ruine, des bases nouvelles mieux adaptées aux besoins de notre temps ; ces bases, M. Dubost les a très- judicieusement indiquées en ces termes : « Le prix du transport doit être proportionné à « la force motrice nécessaire pour l'effectuer. La me- « sure de cette force, c'est le poids de l'objet à trans- « porter ; le poids combiné avec la vitesse doit donc « être la mesure du prix à payer. »

Dans ce système, qu'y a-t-il à faire ?

Rien de plus simple.

Déterminer un maximum de poids, et un minimum de vitesse ;

Ne plus faire de distinction entre les voitures à un fond et les voitures à deux fonds, ne plus tenir compte du nombre des voyageurs.

Telle voiture ne transportant qu'un voyageur peut peser 1,500 kilogrammes, telle autre transportant quatre voyageurs peut ne peser, les quatre voyageurs compris, que 1,300 kilogrammes. Rigoureusement, rien ne serait plus facile que de justifier du poids de la voiture, au lieu du départ, par un certificat délivré au nom du propriétaire de la voiture, portant le numéro de la voiture, signé par le vérificateur d'un pont à bascule ; mais c'est une formalité à laquelle on ne recourrait jamais et qui n'est mentionnée ici que comme sanction de l'idée. En fait, les maîtres de poste, dans leur intérêt, ne sauraient jamais se montrer trop tolérants, trop faciles.

Le poids moyen d'un voyageur est connu, il n'excède pas, en moyenne, 65 à 75 kilogrammes.

Le poids moyen de quatre voyageurs avec un domestique peut donc être évalué 350 kilogrammes.

En aucun cas le poids du bagage ne devrait dépasser 10 kilogrammes (1).

Le maximum de poids, — voiture, voyageurs et bagages compris, — étant fixé à 1,500 kilogrammes, s'atteindrait rarement.

Dans ce système, qu'arriverait-il ?

La même réforme qui s'est opérée depuis quelque temps dans la grande majorité des voitures de ville, rendues si légères qu'elles permettent d'atteler à volonté deux chevaux ou un seul cheval, s'opérerait dans les voitures de voyage ; le poids d'une calèche de voyage, pesant généralement 1,000 à 1,200 kilogrammes, peut être facilement réduit à 900 kilogrammes.

Le prix de deux chevaux restant fixé à 40 centimes par kilomètre parcouru, ou 6 francs par myriamètre, y compris 2 francs de guides, pour toute voiture au-dessous d'un maximum de poids fixé à 1,500 kilogrammes (1), et pour une vitesse moyenne d'un myriamètre à l'heure, temps de relayage compris, si l'on divise ce prix par quatre personnes, évidemment ce ne sera plus pour chacune d'elles que 1 fr. 50 c. par

_____

(1) C'est le poids accordé aux voyageurs en malle-poste.
(2) Poids maximum de la voiture 1,000
Poids moyen de 4 voyageurs, avec un do-
   mestique sur le siége . . . . 350 } 1,450
Bagage 100

myriamètre, et si l'on suppose un domestique assis
sur le siége, près du postillon, au lieu de 1 fr. 50 c.,
ce ne sera que 1 fr. 20 c., — frais d'usure de la voiture en sus.

Au lieu de charger les voitures de vaches, de malles, de caisses, de bagages, on n'emportera avec soi,
ainsi que cela a lieu dans les malles-postes, que le
strict nécessaire ; on mettra le surplus aux messageries
ou au roulage.

Le mode d'attelage se simplifiera ; il pourra se réduire soit à deux, soit à quatre chevaux attelés, selon
le poids et la vitesse (1) ; plus de chevaux attelés en limonière ; plus de chevaux attelés en arbalète ; plus
d'incertitude pour les postillons sur le mode de conduite; économie de temps pour le relayage.

L'addition aux malles-postes d'un siége sur lequel le
postillon est assis, à l'instar des messageries, a été le
dernier coup porté à l'ancien mode de conduite. En
réalité, aujourd'hui, il n'y a plus que des cochers, il
n'y a plus de postillons ; et se faire conduire ainsi par
des hommes qui auront bientôt entièrement perdu
l'habitude de mener autrement qu'assis sur un siége,

(1) La force de traction d'un cheval trottant avec une vitesse
moyenne d'un myriamètre à l'heure est de 900 à 1,000 kilogrammes ; le maximum de poids d'une voiture attelée de deux chevaux, sans dimension de rigueur imposée pour la largeur des
jantes des roues, pourrait donc facilement s'élever jusqu'à
2,000 kilogrammes. Les motifs qui m'ont engagé à limiter ce
maximum de poids à 1,500 kilogrammes sont les suivants :

La crainte de l'abus, qu'il faut toujours prévoir en France, vu
la tendance générale à outrepasser toute limite fixée ;

Le désir de favoriser autant que possible la production du cheval léger, propre à la remonte de notre artillerie.

c'est déjà une grande imprudence : que sera-ce dans quelques années ?

Il y a des réformes amenées par la force des choses ; celles des postillons est de ce nombre : dans ce cas, ce qu'il y a de mieux à faire, c'est d'en prendre son parti, et de systématiser ce qu'on ne peut empêcher.

L'administration des postes ferait une chose prudente et utile le jour où, changeant son règlement, elle supprimerait les divisions de voitures, n'admettrait plus l'emploi des chaises de poste, infiniment rares maintenant, interdirait l'attelage du cheval en limonière ou en arbalète, et prescrirait que toute voiture de voyage sera munie d'un siége à l'usage du postillon.

On objectera qu'un siége placé devant la voiture obstrue la vue ; à cela on répondra par des raisons décisives, tirées : 1º de la sûreté des voyageurs, 2º de la responsabilité des maîtres de poste, 3º de la liberté de mouvement et de la somme de forces rendues au *porteur* délivré du poids du postillon, poids considérablement augmenté par celui de ses énormes bottes (1); on ajoutera que l'inconvénient ci-dessus signalé pourra être fortement réduit au moyen d'un siége bas et étroit, en faisant observer toutefois qu'un siége assez large pour faire asseoir un domestique auprès du postillon, a cet avantage qu'en cas d'accident, ou seulement d'obligation pour le postillon de descendre, le domes-

---

(1) Poids moyen d'un postillon anglais.......... 45 kilog.
— d'un postillon français....... .. 75

tique peut prendre les guides ou s'élancer à la tête des chevaux. Deux chevaux ainsi attelés, toujours juste, traîneraient, certes, plus facilement une calèche chargée ayant un poids maximum de 1500 kilogrammes, avec une vitesse d'un myriamètre à l'heure, que quatre chevaux, six chevaux même, ne traînent aujourd'hui la malle-poste (berline) pesant, au minimum, 3,000 kilogrammes, et marchant avec une vitesse qui, dans la belle saison, varie de 15, à 16,000 mètres à l'heure.

1,500 kilogrammes seraient loin d'être un poids excessif.

Les cas où quatre chevaux seraient attelés à une voiture de voyage formeraient donc l'exception. L'usage de voitures légères, se liant à l'amélioration de nos routes et à une bonne loi sur la police du roulage, tendrait chaque année à devenir plus général, comme le luxe tend à devenir tous les jours plus rare. Voyez à quelles combinaisons sont obligées de recourir les compagnies de chemins de fer pour empêcher que la dernière classe ne finisse par absorber les deux autres classes !

Rien n'empêcherait d'ailleurs de faire atteler quatre chevaux au lieu de deux toutes les fois qu'on voudrait, soit déployer un certain faste, soit se servir d'une voiture excédant le maximum de poids fixé, et marcher avec une vitesse plus grande que celle moyenne d'un myriamètre à l'heure ; mais, dans ce dernier cas, ce ne serait plus le postillon, au moins exclusivement, ce serait le maître de poste qui en profiterait.

Aujourd'hui, comment les choses se passent-elles ?

Vous voyagez en poste, vous êtes pressé d'arriver, vous dites au postillon : « Train de malle, 3 fr. de guides ou payement selon l'ordonnance, c'est-à-dire 1 fr. » Il s'élance au galop, exténue les chevaux qui ne lui appartiennent pas : qu'en revient-il au maître de poste à qui ils appartiennent? Rien, absolument rien; le surcroît de prix profite seul au postillon ; le surcroît de vitesse n'est obtenu qu'au préjudice des intérêts du maître de poste. Il suffit de signaler un tel état de choses pour en montrer l'abus. Dans le système que je propose, il y aurait trois prix fixés : l'un de 20 centimes par cheval et par kilomètre parcouru avec une vitesse minimum de 10 kilomètres à l'heure (1); l'autre de 25 centimes par cheval et par kilomètre parcouru avec une vitesse minimum de 12 kilomètres à l'heure ; le troisième enfin de 30 centimes par cheval et par kilomètre parcouru avec une vitesse minimum de 14 kilomètres à l'heure, le postillon payé le même prix que le cheval.

Tout s'enchaîne : le jour où il suffira d'être accompagné de sa famille ou de se réunir deux ou trois personnes accompagnées d'un domestique pour voyager à peu de frais, le nombre des voitures de poste s'accroîtra dans une incalculable proportion; le jour où

(1) Le terme moyen du parcours des malles par 8 kilomètres était de 69 minutes en 1826, de 46 minutes en 1833; aujourd'hui il est de 34 minutes; mais si la vitesse imposée aux relais a toujours été croissante pour les malles-postes, c'est dans le sens contraire qu'elle a marché pour les voitures de poste. Ce qui donne lieu de faire remarquer que l'administration des postes, en concentrant ses efforts sur un seul point, a négligé les autres.

les routes seront parcourues par un plus grand nombre de voitures de poste, les relais ne seront plus aussi souvent pris au dépourvu ; les chevaux, plus nombreux et mieux dressés, seront moins souvent aux champs, les postillons moins souvent ailleurs que dans leur écurie ; le jour où le mode d'attelage sera réduit à sa plus simple expression, le relayage sera moins long, il n'y aura plus à ajuster les traits par des nœuds faits au hasard, il n'y aura plus qu'à accrocher le trait du cheval au palonnier ; le jour où les voitures de voyage seront plus légères, où elles tendront généralement à l'unité de timon, de poids et de forme, où elles seront toutes munies d'un siége devant, indépendamment de la diminution dans le nombre, aujourd'hui très-considérable, des accidents, le cheval de poste pourra s'améliorer, acquérir plus de vitesse, et servir, en cas de guerre, à remonter, sinon notre cavalerie, du moins notre artillerie ; considération d'une haute importance.

Le nombre des relais de poste, qui était de 1,427 en 1830, s'est accru depuis cette époque de 583 brevets nouveaux, et est maintenant de 2,110 (1). Avec le

(1) Au 1er décembre 1843, le nombre des relais en France s'élève à 2,010 ; sur ce chiffre 67 relais sont à retrancher, savoir :
33 qui sont vacants ou abandonnés ;
32 créés par l'administration, mais non montés par le titulaire ;
2 autorisés pour les stations de chemins de fer ;

67

Il restera donc un total général de 1,943 pour les relais existants.

mouvement toujours croissant des affaires, il est permis de prévoir un moment où la moyenne des chevaux entretenus par chaque relais sera de 20. — Total, 35 à 40,000 chevaux. Ce nombre est aujourd'hui de 25,000 chevaux et de 8,000 postillons.

§ II.

Exécution et extension de l'article 10 de l'ordonnance royale du 23 décembre 1839.

La révision du tarif ne serait qu'une demi-mesure, si elle n'était pas complétée par l'exécution rigoureuse et l'extension de l'article 10 de l'ordonnance royale du 25 décembre.

Beaucoup de personnes qui voyagent n'ont pas de voitures leur appartenant.

Dans beaucoup de cas qui tendent à devenir tous les jours plus communs, des personnes, franchissant en chemins de fer ou en bateaux à vapeur la plus grande partie de la distance qu'elles doivent parcourir, peuvent ne pas vouloir s'imposer la dépense ou l'embarras d'emmener leur voiture.

Pourquoi chaque maître de poste ne serait-il pas tenu d'avoir au moins deux petites calèches légères, contenant quatre places, avec coffre derrière pour les valises et sacs de nuit, et siége devant pour le postillon et pour un domestique?

Il serait de l'intérêt des maîtres de poste qui seraient placés aux lieux d'arrivée des chemins de fer ou de débarquement des bateaux à vapeur, d'avoir un nombre suffisant de ces voitures, qui, exécutées toutes sur le même modèle approuvé par l'administration des postes, pourraient leur être livrées au prix le plus bas.

L'acquisition de ces voitures, rendue obligatoire, pourrait être facilitée par un système d'annuités, sorte de garantie d'intérêt de la part de l'État, combiné avec un mode d'amortissement. La protection accordée par le gouvernement aux chemins de fer, sous forme de subventions, de prêts, de garantie d'intérêt, etc., ne doit pas être exclusive.

Quand les chemins de fer de Paris à Tours, de Paris au Hâvre, etc., etc., seront terminés, combien de voyageurs désœuvrés iront parcourir les bords de la Loire, les bords de la mer, etc., s'ils ne sont pas arrêtés par l'incertitude des retours et la difficulté de trouver des places aux stations intermédiaires! Cette incertitude, cette crainte, serait diminuée au moyen de l'extension donnée à l'article 10 de l'ordonnance du roi.

Le loyer de la voiture continuerait d'être payé comme aujourd'hui, le prix d'un cheval.

Quelles facilités nouvelles seraient ainsi données à la circulation!

§ III.

Faculté de payer d'avance.

Il n'y a pas encore beaucoup d'années que les voyageurs en diligence étaient obligés de payer à chaque relais une somme quelconque au postillon ; la tendance naturelle de l'esprit français vers la centralisa-

tion devait amener l'unité de payement; c'est en effet
ce qui a eu lieu. Pourquoi n'en serait-il pas ainsi lorsqu'il s'agit précisément du mode de voyager qui semble à peu près exclusivement réservé à ceux qui ont
le moyen de payer la satisfaction de leurs aises et de
leurs convenances? Pourquoi ceux qui payent le plus
cher seraient-ils les moins bien traités? Pourquoi le
mode de voyager le plus dispendieux serait-il le plus
incommode, le plus assujettissant? Est-il donc bien
difficile de concevoir et d'organiser une comptabilité
commune aux 2,000 maîtres de poste, au moyen de
laquelle les voyageurs seraient dispensés de l'obligation de payer à chaque relais la distance parcourue? Je
suppose un voyageur qui va se rendre dans sa voiture de Bordeaux à Paris, avec une vitesse minimum
d'un myriamètre à l'heure : de Bordeaux à Paris, il y
a 56 myriamètres ; il s'adresse au directeur de la poste
aux lettres de Bordeaux, lui remet le certificat de sa
voiture attestant qu'elle pèse à vide moins de 1,000 kilogrammes, et lui compte la somme de 336 fr. (1) contre un récépissé, qui lui est délivré en double pour
plus de sûreté; le voyageur remet ce récépissé au postillon de la poste de Bordeaux, celui-ci au postillon de
la poste de Carbon-Blanc, et ainsi successivement, sans

(1) Je ne comprends pas ici les suppléments de prix payés
sous le nom de DISTANCES SUPPLÉMENTAIRES et de CHEVAUX DE REN-
FORT, dont l'administration a laissé élever le nombre jusqu'à l'a-
bus. Ce sont tous ces abus réunis qui contribuent à la ruine des
relais et à la perte de l'usage de voyager dans sa voiture. On ne
s'en rend pas assez exactement compte. Nous vivons dans un
temps où les besoins sont si divers qu'il n'y a pas de petites économies.

que le voyageur ait autre chose à faire qu'à vérifier,
s'il lui plaît, si le trajet a été exécuté dans le délai voulu,
délai qui devrait être marqué au livre de poste en re-
gard de la distance ; ce qui serait très-facile au moyen
de la simple addition de trois colonnes portant ce
titre :

Minimum de la vitesse.	Minimum de la vitesse.	Minimum de la vitesse.
20 cent. par kilom.	25 cent. par kilom.	30 cent. par kilom.

Le livre de poste, qui se vend 4 fr., ce qui est deux
fois trop cher, est réimprimé tous les ans à l'imprimerie royale (1) ; rien ne serait plus simple que de
lui faire subir cette petite amélioration typographique.
Si le voyageur, au lieu de se rendre de Bordeaux à
Paris, veut se rendre de Bordeaux à Lyon, même formalité ; si, au lieu de la marche avec vitesse minimum
d'un myriamètre à l'heure, il veut marcher avec la
vitesse minimum de 12 kilomètres à l'heure, le récépissé portera dans ce cas qu'il a payé à raison de 7 fr.
50 c. par myriamètre, savoir : 5 fr. pour les chevaux
et 2 fr. 50 c. pour le postillon. Tous les mois, ou plus
rarement, les sommes portées au crédit de chaque
maître de poste seraient additionnées et ordonnancées,
soit qu'il fût autorisé à les faire toucher à Paris, soit
que la direction centrale les lui fît payer au bureau de
la poste aux lettres de son domicile. Il n'y a pas à Pa-

(1) Chaque année le livre de poste reçoit quelques modifications ; mais, la nouvelle édition ne paraissant jamais avant la fin
de février, il en résulte que, pendant les deux premiers mois de
l'année, il faut se faire représenter les feuilles volantes sur lesquelles ces modifications ont été officiellement inscrites.

ris de maison de banque de quelque importance qui n'ait une comptabilité plus compliquée avec ses divers correspondants. Ce qui ne se conçoit pas, c'est qu'une si simple et cependant si importante amélioration soit encore à réaliser. La centralisation du payement aurait encore cet avantage que, si l'administration centrale le voulait, elle y trouverait un moyen infaillible de contrôle et peut-être de régénération du service des relais. Je me réserve de vous l'expliquer verbalement le jour où l'administration des postes comprendra enfin la nécessité de relever le service des relais de l'état de décadence dans lequel il est tombé et tombe encore chaque année.

RÉSUMÉ.

La réforme qui précède laisse subsister :

Le prix des chevaux tel qu'il est fixé par le tarif actuel ;

Le prix des guides tel que l'usage l'a fait adopter ;

Le prix de loyer des voitures fournies dans les relais.

Elle supprime :

Les trois divisions de voitures et les débats auxquels donne lieu l'arbitraire de ce classement ;

Les postillons qu'elle achève de transformer en cochers (1) ;

(1) Voici quelle est à ce sujet l'opinion de M. Dailly, maître de poste de Paris, qui s'exprime ainsi dans un petit écrit que nous avons sous les yeux :

« Il n'est personne qui ne puisse se rendre compte des graves inconvénients du mode de conduite en postillon ;

« Dangers pour la vie des hommes ;

« Fatigues excessives pour les chevaux ; et, pour les maîtres

Le cheval en limonière (1), conséquemment toutes voitures ayant un brancard, sans excepter celles dites chaises de postes ;

Le cheval en arbalète ;

L'obligation de payer à chaque relais la distance parcourue ;

Elle change l'esprit du tarif en ce sens qu'au lieu d'avoir pour base le nombre des voyageurs à transporter, et la forme de la voiture, c'est le poids de la voiture combiné avec la vitesse qui devient la mesure du prix à payer ;

Elle simplifie le mode de conduite et d'attelage ; le rend moins imparfait, moins lent et moins dangereux ;

Elle tend à établir l'unité de timon, de poids et de forme des voitures de voyage (2) ;

Elle abrége conséquemment la durée du relayage ;

de poste, obligation onéreuse et difficile à remplir, à cause de la rareté des chevaux qui réunissent les qualités nécessaires aux porteurs.

« La substitution des cochers aux postillons dans le service des malles et des diligences a trop bien réussi pour qu'on puisse mettre en doute l'avantage de ce mode de conduite.

« Dans ce système, chacun des chevaux prend de tirage une part égale, ce qui ne peut avoir lieu lorsque le cheval succombe sous le poids d'un postillon. »

(1) M. Dailly, dans le même écrit que nous venons de citer, établit le calcul suivant : « Dans le jour une calèche peut être « relayée en *six minutes* et une limonière en *neuf minutes*.» C'est, comme on le voit, un tiers en sus ; n'y eût-il que cette considération de perte de temps, qu'elle suffirait pour faire condamner ce mode de conduite.

(2) Nous pouvons encore invoquer ici le témoignage de l'honorable M. Dailly :

« Tous les voyageurs qui se servent de la voie de la poste ont à se plaindre du temps que l'on perd en changeant de chevaux,

Elle concourt indirectement à l'amélioration et à l'augmentation du nombre des chevaux propres à remonter, en cas de guerre, notre artillerie ;

Elle étend utilement l'article 10 de l'ordonnance royale du 23 décembre 1839, qui prescrit à chaque maître de poste d'avoir à la disposition des voyageurs une voiture solide et commode, suivant un modèle donné par l'administration ; elle fixe ce modèle, et d'une fiction fait une vérité ;

Elle donne les moyens de voyager à peu de frais, et s'accorde ainsi avec la division des fortunes ;

Elle fait cesser l'antagonisme d'intérêt qui existe aujourd'hui entre les postillons ou les voyageurs et les maîtres de poste ; ceux-ci, dans l'état actuel des choses, ne percevant pas de supplément de prix en raison de l'augmentation de vitesse ;

Elle diminue les dangers de voyager en poste, qui

c'est un sujet d'ennui et de contrariété qui se renouvelle à chaque relais.

« Lorsque le relais a été *péniblement* accompli, on se met en route ; mais à peine a-t-on fait quelques tours de roues que l'on se voit contraint d'arrêter, parce que les traits du porteur ou du mailler ont été attachés trop longs ou trop courts, ou parce que la *mauvaise corde* qui sert de chaîne a cédé au premier choc.

« On éviterait cet inconvénient, et on simplifierait l'opération du relayage en prescrivant la longueur et la dimension des timons et limoniers des voitures de poste, ainsi qu'on détermine la voie des voitures employées sur les routes.

« On proposerait, par exemple, de fixer à 2 mètres 87 centim. la longueur des timons.

« Toutes les voitures à timon devraient avoir des chaînettes en cuir, qui seraient accrochées ou décrochées avec une grande promptitude à des harnais disposés à cette fin. »

se multiplient d'autant plus que l'usage de voyager ainsi devient plus rare ;

Enfin, elle rend au relais de poste l'importance d'un vrai service public, complétant ce que les entreprises de messageries, et même les malles-postes, laissent à désirer à une certaine classe de voyageurs et ne peuvent lui donner.

Une telle réforme m'a paru devoir mériter votre attention ; les moyens que j'ai indiqués peuvent être contestables ; mais ce qui ne l'est pas, c'est la nécessité, c'est l'urgence d'une réforme. Votre administration par la voix de M. Dubost, et les maîtres de poste par la voix de l'un d'eux, M. Dailly, l'ont reconnue et proclamée ! Je n'ai fait que leur servir d'écho.

ÉMILE DE GIRARDIN.

A M. ÉMILE DE GIRARDIN.

———

15 décembre 1843.

Monsieur,

« J'ai toujours pensé avec vous que rien ne devait
« être négligé pour la grandeur et la prospérité d'un
« pays qui doit occuper toutes nos pensées ; et les
« événements politiques, même les plus graves, ne
« doivent pas nous détourner de rechercher toutes les
« améliorations possibles dans les diverses branches
« de l'administration.

« J'ai lu avec la plus sérieuse attention vos ré-
« flexions si judicieuses sur l'amélioration du *système*
« *des postes* ; ces pensées, je les ai eues depuis long-
« temps ; et plusieurs fois même j'en ai écrit à M. le
« directeur général des postes.

« Je me permettrai seulement de vous faire re-
« marquer que vous traitez avec un peu de sévérité
« MM. les maîtres de poste, auxquels on doit au moins
« savoir gré de leurs efforts et de leurs sacrifices.

« Le but que vous vous proposez me paraît d'une

« véritable utilité, mais rien ne doit être négligé pour
« l'atteindre.

« Si en France on voyage moins en poste que dans
« les autres pays, c'est, en effet, que les frais de trans-
« ports sont trop élevés ; et je suis convaincu que s'il
« en était autrement, les maîtres de poste y gagne-
« raient sensiblement.

« Vous obviez à cet inconvénient, surtout en admet-
« tant aussi que l'on supprime le troisième cheval
« imposé dans tant de localités et jamais attelé.

« Vous proposez que toutes les voitures soient
« menées par un cocher. Il faudrait, je crois, ajouter,
« pour la sûreté des voyageurs, que tous les chevaux
« sans exception eussent un mors dans la bouche, et
« non pas seulement un simple billot, qui rend impos-
« sible de les retenir et même de les diriger sûrement.

« Le même mode employé pour les diligences obvie-
« rait à des accidents qui se renouvellent sans cesse.
« En effet, comment un seul homme peut-il conduire
« sûrement 4, 5, et même 6 chevaux, lorsqu'il n'a en
« mains aucune force pour les maintenir.

« Tous les voyageurs en poste devraient de plus
« être engagés à remplacer l'enrayure par une légère
« machine pareille à celle des diligences ; car les meil-
« leurs chevaux, écrasés par le service des *malles*,
« perdent l'habitude de retenir.

« Pour accélérer la promptitude des relais, des cro-
« chets devraient être placés à l'avant-train des voi-
« tures, ce qui est facile, ainsi qu'à la volée pour les
« chevaux de devant, afin que les harnais de la malle-
« poste puissent servir indistinctement.

« Par là, mille retards et inconvénients seraient évi-
« tés. Je viens de faire cette épreuve, qui m'a parfai-
« tement réussi, dans un voyage de 7 à 800 lieues.

« Le domestique placé à côté du cocher aurait le
« grave inconvénient de trop charger la voiture sur le
« devant, et d'empêcher les voyageurs de voir le
« pays. — Dans mon opinion, on ne peut donc y
« songer ; et d'ailleurs les inconvénients que je vous
« signale seraient les mêmes pour le postillon que
« pour le cocher.

« Je crois aussi que l'habillement *uniforme* et sim-
« ple des postillons ou cochers devrait être ordonné,
« et la propreté des relais sévèrement surveillée.

« J'espère que vous me pardonnerez ces quelques
« réflexions que je vous soumets, et qui peuvent avoir
« quelque valeur de la part du fils d'un ancien direc-
« teur général des postes, qui recherche dans tous ses
« voyages ce qui peut être utile à un pays qui absorbe
« toutes ses pensées comme tous ses sentiments. »

LAROCHEFOUCAULT, DUC DE DOUDEAUVILLE.

Il y a dans la lettre qu'on vient de lire, un reproche
et une objection que nous ne saurions accepter.

Le reproche, c'est celui d'avoir traité avec un excès
de sévérité MM. les maîtres de poste, de ne leur avoir
pas tenu compte de leurs *efforts* et de leurs *sacrifices*.
Avons-nous donc rien exagéré, nous sommes-nous
plaint d'imperfections ou d'abus qui n'existassent pas
et dont M. Dailly lui-même, avant nous, n'eût fait l'a-

veu? De quels efforts, de quels sacrifices parle-t-on ? Quels sont-ils ? Le service des relais est-il mieux fait et coûte-t-il moins qu'au temps où Lazare Patin affermait pour cinq années, moyennant la somme de 1,200,000 fr. par an, l'exploitation des postes et messageries de la France entière ? Voyage-t-on plus vite et plus sûrement eu égard à l'amélioration de nos routes ? Le tarif qui porte la date du 19 frimaire an XII n'est-il pas resté invariablement le même depuis le 9 décembre 1798 ?

Oui, nous le reconnaissons, de grands sacrifices, dont il ne leur a pas été tenu un juste compte, ont été imposés aux maîtres de poste chargés de pourvoir au service des malles ; mais d'abord ceux-ci, relativement aux autres maîtres de poste du royaume, ne forment qu'une minorité dans la proportion de 1 sur 3 ; et ensuite qu'a de commun le relayage des malles avec le relayage des voitures de particuliers voyageant en poste, seul point dont nous avons déclaré que nous voulions nous occuper pour le moment ?

Sans doute, lorsqu'il s'agit de voyager, la vitesse est un avantage qu'il faut prendre en grande considération ; mais cet avantage n'est pas le seul qu'on doive rechercher, et là où M. le directeur des postes l'a obtenu par exception, on peut adresser à M. Conte le reproche de lui avoir tout sacrifié et de n'en avoir fait profiter que ses malles-postes exclusivement.

Ceux qui voyagent dans leur voiture, loin d'avoir à se louer de son administration, n'ont au contraire qu'à s'en plaindre. En abusant de son pouvoir pour imposer arbitrairement des conditions sans équité à ceux des maîtres de poste chargés du transport des dépêches, il a porté chez tous, sans exception, le mécontentement et le découragement : or c'est sur les voyageurs en poste que retombe ce mécontentement ; ce sont eux qui en souffrent. Jamais les relais de poste n'eurent plus besoin d'être surveillés, d'être stimulés, et jamais ils ne le furent moins ; on peut même affirmer sans exagération qu'ils ne le sont pas du tout. Ces relais sont dans un déplorable état : voilà le fait que nous avons constaté, et M. le duc de Doudeauville ne le conteste pas.

L'objection qui nous reste à réfuter est celle-ci : « Le « domestique placé à côté du cocher aurait le grave « inconvénient de trop charger la voiture sur le devant « et d'empêcher les voyageurs de voir le pays. » Est-ce que toutes les voitures légères qui circulent aujourd'hui dans Paris n'ont pas un siége sur lequel le domestique est assis près du cocher ? Si l'objection était fondée pour les voitures de voyage roulant sur la terre, le serait-elle moins pour les voitures de ville roulant sur le pavé ? Est-ce que la répartition du poids n'est pas avant tout une question de construction et de suspension des voitures ? Est-ce que le coffre placé derrière la voiture, et destiné à recevoir cent kilogrammes de bagages, ne ferait pas contre-poids au siége placé devant ? Quant à l'obstacle que ce siége opposerait à la vue, voici notre réponse : Entre plusieurs inconvénients, il faut choisir le moindre ; entre cet inconvénient et un danger, il n'y a pas à hésiter. Ainsi que l'a très-bien fait observer M. Dailly, les chevaux réunissant les qualités nécessaires à un porteur deviennent tous les jours plus rares; conséquence prochaine : plus de postillons. Il en faut prendre son parti; la force des choses le veut ainsi. Il n'est pas exact, d'ailleurs, de dire que le siége sur le devant empêche deux personnes placées au fond d'une calèche-briska de voir le pays ; et si l'on suppose deux fonds et quatre personnes, qu'importe alors le siége ? Voyez donc qu'elles sont les voitures qui partent en poste : sur dix calèches, il y en a neuf au moins à deux fonds, fermées devant avec des vasistas fixes ; à peine s'il s'en trouve une n'ayant qu'un fond, fermée avec des vasistas mobiles adaptés à la capote. Ce n'est pas tout, les calèches ainsi ouvertes ont un grave inconvénient, c'est de ne pas préserver les voyageurs des flots de boue, des éclats de sable ou des nuages de poussière que leur envoie le porteur à chaque coup de fouet ou d'éperon qu'il reçoit du postillon qui le monte.

Nous persistons donc dans notre opinion, malgré l'objection présentée par M. le duc de Doudeauville en faveur des postillons.

Quant à son observation relative à l'uniformité de leur habillement, si nous ne l'avons pas prévenue; c'est qu'à cet égard il n'y a rien à innover. L'article 1096 du règlement est formel, et s'il n'est pas observé, c'est que l'administration n'en surveille pas l'exécution. Pourquoi n'en surveille-t-elle pas l'exécution ? nous l'avons déjà dit, c'est qu'une seule chose occupe exclusivement l'attention de M. Conte : l'accélération à tout prix du transport de ses dépêches. Il fait ce que font les enfants malfaisants qui abattent l'arbre pour enlever une branche ou pour cueillir un fruit; il sacrifie une grande administration à un petit résultat. A-t-il tort? — Non, car négliger ainsi tout pour ne s'occuper que d'un seul point, c'est de toutes les manières de se faire louer la plus facile et la plus sûre: on a pour soi tous ceux qui ne vont au fond de rien.

<hr />

15 décembre 1843.

MM. Les maîtres de poste ont, comme l'Irlande, leur rente et leur agitateur; l'O'Connell de MM. les maîtres de poste, moins célèbre, mais non moins infatigable, est M. Jouhaud, avocat distingué, écrivain chaleureux, auteur de plusieurs écrits dont voici les titres :

De l'institution comparée des postes en France et à l'étranger, 1838;

Du système métrique dans son application aux relais de poste, 1839;

Des postes menacées par les chemins de fer et des autres dangers dont cette institution est entourée, mesures à prendre pour les conjurer, 1840;

Deux projets sur le maintien des postes en France, l'un présenté par la commission instituée par l'ordonnance royale du 4 mai 1842, l'autre soumis à M. le ministre des finances par M. Jouhaud, 1843.

Les deux articles qui ont paru dans la *Presse* sur la réforme de la poste aux chevaux, offraient à M. Jouhaud une occasion d'appeler l'attention publique sur les intérêts privés dont il est l'ardent défenseur; cette occasion, il s'est empressé de la saisir en

adressant au *Courrier français* deux articles signés
que cette feuille publie et dont le premier commence
ainsi :

« Avec un penseur tel que M. de Girardin, habitué
« à prendre les difficultés corps à corps, toute dis-
« cussion doit être franchement abordée. Qu'il nous
« permette donc de lui dire qu'il ne nous semble pas
« s'être placé tout d'abord sur le véritable terrain du
« débat. Efforçons-nous de l'y attirer, et hâtons-nous
« de déclarer que nous approuvons presque sans
« restriction ce qu'il a dit dans ses deux lettres ; c'est
« seulement sur ce qu'il ne dit pas, et, selon nous,
« devait dire, que nous avons à le provoquer, à le
« combattre peut-être. »

Si nous avons cité textuellement ces lignes, c'est
qu'elles nous dispensent de revenir sur ce que nous
avons dit : l'utilité des réformes que nous avons réclamées n'est pas contestée ; cependant, avant de passer à ce qu'il plaît à M. Jouhaud d'appeler le « *véritable terrain du débat*, » quelques mots d'observations :

Le parcours d'un myriamètre, dit M. Jouhaud, *qui
demandait, en* 1826, 69 *minutes, s'effectue en* 1843 *en*
34 *minutes*. D'abord M. Jouhaud se contredit et se
trompe ; au lieu d'un myriamètre, il faut lire 8 kilomètre ; ensuite, cette vitesse est exceptionnelle, les
malles-postes seules en profitent, les voyageurs en
poste n'en jouissent pas ; sur la meilleure route,
celle de Bordeaux, ils ne parcourent en moyenne
qu'un myriamètre à l'heure en payant 2 fr. 50 c. de
guides. Il ne faut pas confondre ce qui est l'exception

avec ce qui est la règle, et appeler un progrès ce qui n'est qu'un effort.

Le nombre des relais, qui autrefois n'était que de 740, s'est élevé à 1,980 (1) ; M. Jouhaud voit dans cette augmentation du nombre des relais un progrès et un bienfait ; oui, sans doute, c'est un progrès, mais à qui le doit-on ? N'est-ce pas surtout à l'administration des ponts et chaussées et aux conseils généraux de département, qui ont multiplié, peut-être outre mesure, le nombre des routes ?

La vitesse doit être déterminée selon la nature plus ou moins difficile des parcours, point capital qui a échappé à la sagacité de M. de Girardin ! dit M. Jouhaud. A cette objection, voici notre réponse :

Au moyen des immenses travaux de rectification qui ont lieu, bientôt aucune de nos routes n'excédera le maximum de pente fixé ; pour celles faisant encore exception à la règle et offrant des difficultés réelles, mais pour celles-là seulement, il suffira de laisser subsister le supplément de prix accordé sous le nom de *cheval de renfort* , aux termes du deuxième paragraphe de l'article 1073 du règlement.

Cela dit, venons à la question telle que la pose M. Jouhaud. De son aveu, « les réformes proposées « sont justes, utiles, possibles ; les maîtres de poste les « réclament, l'administration les approuve : mais, « avant d'améliorer une institution dans les détails, « il faut savoir si l'institution elle-même doit vivre, et « si les conditions indispensables de son existence,

_____

(1) Le chiffre exact est 2,010, dont 1,943 en exercice.

« anéanties par une concurrence nouvelle, seront
« remplacées par d'autres conditions, sans lesquelles
« l'institution périt. La véritable question est là tout
« entière, et pas ailleurs. »

Oui aux yeux de M. Jouhaud, ajouterons-nous,
mais non pas aux nôtres. M. Jouhaud prend la partie
pour le tout, il raisonne comme si la France était à la
veille d'être sillonnée de chemins de fer dans tous les
sens. C'est là une erreur grave que nous ne saurions
partager ; et il nous sera facile de démontrer que
M. Jouhaud, dans tous ses écrits, lorsqu'il semble
prendre la défense de tous les relais, ne plaide en
réalité que la cause de la minorité et nous pourrions
dire de l'aristocratie des maîtres de poste.

Quel est le but de tous les efforts de M. Jouhaud?
Quelle est sa pensée fixe? C'est d'obtenir que les entreprises de chemins de fer et celles des transports de
voyageurs par les bateaux à vapeur soient soumises
au payement d'une indemnité de 3 centimes par voyageur et par myriamètre parcouru, en faveur des différents maîtres de poste placés dans la direction des
chemins de fer et des bateaux à vapeur.

Or, nous admettons un instant que ce que demande
M. Jouhaud pour ses clients leur soit accordé. A combien de maîtres de poste la *rente des 3 centimes* profite-
rait-elle? En quoi cette rente améliorerait-elle le sort des
relais de 4e, 5e, 6e et 7e classe, — et ceux-ci forment le
plus grand nombre, — à qui la rétribution de 25 centimes ne donne qu'un produit insuffisant, insignifiant?
Quelle influence exercerait-elle sur l'accroissement du
nombre des voyageurs?

Poser la question dans ces termes, c'est faire éclater à tous les yeux que M. Jouhaud ne défend pas l'institution des relais, mais seulement les intérêts des maîtres de poste placés dans certains rayons.

Les chambres voteront-elles le projet de loi en sept articles que M. Jouhaud a préparé et fait imprimer? Consentiront-elles à grever les entreprises de chemins de fer et de bateaux à vapeur de l'impôt proposé de 3 centimes par voyageur et par myriamètre ? Si les maîtres de poste l'espéraient, ils se feraient une étrange illusion. Ils ont, il est vrai, dans M. Odilon Barrot un défenseur zélé ; mais ils ont, par contre, dans M. Dupin, un redoutable adversaire, qui, en 1838, a déjà montré à la tribune qu'il savait bien la question.

La loi du 15 nivôse an XIII (6 mars 1805) est ainsi conçue :

« Article 1er. A compter du 1er messidor prochain,
« tout entrepreneur de voitures publiques et de mes-
« sageries *qui ne se servira pas des chevaux de la poste*
« sera tenu de payer, par poste et cheval attelé à cha-
« cune de ses voitures, 25 centimes au maître du relais
« dont il n'emploiera pas les chevaux.

« Sont exceptés de cette disposition les loueurs allant
« à *petites journées* et avec les mêmes chevaux, les
« voitures de place allant également avec les mêmes
« chevaux et partant à volonté, et les voitures *non*
« *suspendues.* »

Prétendre assimiler les entreprises de chemins de fer et de bateaux à vapeur aux entreprises de voitures publiques et de messageries *ne se servant pas des chevaux de la poste*, c'est exposer de graves intérêts à n'être pas traités sérieusement ; c'est exposer de justes réclamations à succomber sous la raillerie ; c'est égarer les maîtres de poste dans une fausse route, qu'ils nous permettent de le leur dire.

Espérer que les chambres voteront, soit un impôt de 3 centimes, soit une indemnité annuelle quelconque, pour l'unique satisfaction d'entretenir, parallèlement à la ligne d'un chemin de fer, des relais qui n'auraient à relayer ni malles, ni messageries, ni voitures particulières, qui ne serviraient à rien, absolument à rien, hormis le cas d'un accident interrompant la circulation, encore une fois, c'est s'abuser. Les prévisions ont un cercle dans lequel elles doivent raisonnablement se renfermer ; au delà de ce cercle, on n'irait jamais de Paris à Londres dans la crainte d'un naufrage.

Nous sommes de ceux qui pensent que les relais de poste ne doivent pas être considérés seulement comme des entreprises particulières, mais qu'ils constituent un véritable service public ; partout où ils sont utiles, nécessaires, l'État doit les soutenir, les encourager, les stimuler, les surveiller ; c'est notre avis ; mais là où ils sont superflus, comme par exemple sur les lignes de Paris à Rouen et de Paris à Orléans, pourquoi le gouvernement s'imposerait-il la charge de les entretenir ? — Dans quel but ? De quel droit imposerait-il aux contribuables un sacrifice qui ne devrait profiter à aucun d'eux ?

Partout où des lignes de chemins de fer s'établiront, les relais de poste sont appelés à disparaître s'ils ne parviennent à échapper à la mort par une transformation de la nature de celle que nous avons indiquée.

Voilà la vérité dans toute sa crudité ; nous la tairions, nous la dissimulerions, qu'elle n'en subsisterait pas moins. Si un coup terrible doit frapper un certain nombre de maîtres de poste, ne vaut-il pas mieux qu'ils en soient prévenus et qu'ils aient le temps de s'y préparer ?

Mais partout ne s'établiront pas des lignes de chemins de fer ; et, loin d'avoir à souffrir de cette innovation, le plus grand nombre des relais, au contraire, en profitera, car le mouvement des personnes et des affaires, restreint aujourd'hui à quelques grandes villes, tendra constamment à rayonner sur un plus grand nombre de points, en rapprochant successivement Paris de toutes les extrémités du royaume et de toutes les capitales de l'Europe. Ce qui nuira à la minorité profitera donc à la majorité des maîtres de poste ; telle est notre opinion, mais sous la réserve toutefois que les relais de poste s'amélioreront et ne resteront pas ce qu'ils sont.

Non-seulement les relais sont mal tenus, ce qui est la faute des maîtres de poste, mais ils sont mal distancés, ce qui est la faute de l'administration centrale, qui ne s'occupe pas d'eux. Il y a un grand nombre de relais dont le parcours est au-dessous d'un myriamètre ; il y en a beaucoup d'autres dont le parcours excède vingt-cinq kilomètres. Dans le premier cas, ce n'est pas assez pour qu'il y ait profit à déplacer des chevaux ; dans le second cas, c'est trop exiger de leurs forces ; dans le premier cas, c'est gaspiller un temps précieux en relayages trop fréquents ; dans le second cas, c'est ralentir forcément la

marche des meilleurs chevaux. Le jour où l'on voudra
que les relais de poste soient prospères, cette réforme,
celle de l'espacement des relais, sera l'une des plus ur-
gentes à étudier et à opérer. Aucun relais ne devrait
avoir moins de douze kilomètres et plus de seize ;
moyenne : quatorze. C'était l'opinion d'un homme fort
expérimenté et fort compétent assurément, de M. Cail-
lard, qui vient de mourir, et qui avait proposé à M. le
baron Louis, ministre des finances, de se charger, sur
une route, de l'organisation des relais telle qu'il la
comprenait, afin que les avantages s'en fissent reconnaître d'eux-mêmes.

Le grand argument de M. Jouhaud est celui-ci :
« Aussi longtemps que la centralisation sera un des
« ressorts les plus actifs de la force gouvernementale, les
« postes, par la rapidité de leur marche, par l'univer-
« salité de leurs embranchements et surtout la sûreté
« de leur concours, resteront le moyen le plus efficace
« de cette centralisation. » Nous pourrions répondre
à M. Jouhaud que les cas où le gouvernement envoie
des estafettes sont rares ; qu'il expédie et reçoit plus
de dépêches télégraphiques qu'il ne reçoit et n'expédie
de courriers. Mais ce n'est pas nous, certes, qui voudrions mettre en doute l'utilité de la grande et sécu-
laire institution des postes. Nous souhaitons qu'elle se
perfectionne : nous ne souhaitons pas qu'elle s'amoin-
drisse. Nous défendons ses intérêts ; M. Jouhaud, lui,
ne défend que ceux d'un petit nombre de maîtres de
poste.

Mais laissons de côté les entreprises de chemins de
fer et de bateaux à vapeur, et la rente de trois centi-

mes dont M. Jouhaud voudrait qu'une loi les grevât au profit de ses clients ; car, quoi qu'il en dise, ce n'est là qu'un point dans la question, ce n'est pas la question dans son ensemble.

La véritable question est celle que nous avons traitée. Les relais de poste ne sont pas ce qu'ils peuvent, ce qu'ils doivent être : il faut qu'ils s'améliorent ; il faut qu'ils complètent ce que laisse à désirer le transport par les malles et les messageries ; il faut qu'ils ne restent pas en arrière de tous les efforts faits pour rendre les autres voies de circulation plus accélérées et moins chères ; il faut qu'ils fassent ce que fait l'industrie toutes les fois qu'une invention nouvelle vient changer ses anciens procédés de fabrication ; il faut qu'ils prennent bravement leur parti dans l'établissement des chemins de fer et s'ingénient pour en souffrir le moins possible ; il faut enfin qu'ils s'aident, s'ils veulent qu'on vienne à leur secours. De quels efforts, s'ils n'en font pas, aurait-on à leur tenir compte ?

La rétribution de 25 centimes établie au profit des maîtres de poste par la loi précitée du 13 ventôse an xiii équivaut à un impôt annuel de six millions prélevé sur les voyageurs transportés par les voitures publiques ; cette rétribution est-elle le mode de concours et de subvention le plus juste et le plus efficace ? Pour se ranger à l'opinion de M. Dupin (1) et répondre que non, il suffit d'ouvrir les yeux et de regarder. Dans l'état actuel des choses, quels sont les relais qui reçoivent, aux termes de la loi de ventôse et sous la forme

(1) Discours du 21 juin 1838 à la chambre des députés.

d'impôt indirect, la subvention la plus forte? Ce sont ceux qui en ont le moins besoin et qui y ont le moins de droit ; ce sont ceux qui desservent les routes les plus fréquentées, non-seulement par les voitures publiques, mais encore par les voitures de poste. Quels sont les relais qui reçoivent la subvention la plus faible? Ce sont ceux placés sur d'anciennes routes abandonnées, ou de nouvelles routes encore peu suivies : les relais à qui l'impôt de 25 centimes produit la plus faible somme sont donc précisément ceux qui relayent dans l'année le plus petit nombre de voitures de poste et ne voient jamais s'arrêter chez eux d'estaffettes. C'est là ce qui explique comment il est des routes sur lesquelles il faut que l'administration donne ce qu'elle appelle des *gages* aux maîtres de poste, tandis qu'il en est d'autres qui vendent leur brevet des sommes considérables. Pour remédier à l'excès de cette inégalité, il y a longtemps que l'administration a conçu le projet de centraliser le droit de 25 centimes dans une caisse commune, afin de le répartir ensuite d'une manière plus équitable ; mais ce projet a soulevé de graves objections, de vives résistances, qui l'ont toujours fait ajourner. Notre avis est que ceux qui lui ont fait depuis quelques années le plus d'opposition sont ceux qui désormais lui en feront le moins, par cette raison qu'après avoir été les plus fortement intéressés dans la question, ce seront bientôt ceux qui le seront le plus faiblement par suite de l'établissement des chemins de fer. Ce système résoudrait-il toutes les difficultés, ferait-il cesser cette anomalie d'obstacles mis à la circulation là où elle est arriérée, lente et coûteuse, tandis que là où elle est facile, rapide et économique, l'État n'hésite pas à s'imposer de grands sacrifices pour la rendre plus rapide et plus économique encore, serait-il enfin le meilleur qu'on pût adopter ? Je ne le pense pas. Mais c'est ce que les chambres auront à examiner.

DÉVELOPPEMENTS

DE LA PROPOSITION PORTANT FIXATION DU PORT DES
IMPRIMÉS ET SUPPRESSION DU·DROIT DE TIMBRE.

◁—————————▷

1847.

DÉVELOPPEMENTS

DE LA PROPOSITION PORTANT FIXATION DU PORT DES IMPRIMÉS ET SUPPRESSION DU DROIT DE TIMBRE,

PRÉSENTÉS

PAR M. ÉMILE DE GIRARDIN.

Député de la Creuse.

———

SÉANCE DU 29 MARS 1847.

MESSIEURS,

Les auteurs de la proposition dont le développement m'appelle à cette tribune ne s'en exagèrent pas l'importance ; aussi en exposerai-je les motifs aussi brièvement que me le permettront les détails dans lesquels je ne puis me dispenser d'entrer.

La proposition se compose de deux articles seulement : l'un relatif au port, l'autre relatif au timbre des imprimés.

Le premier article, celui relatif au port des imprimés, ne fait guère que codifier des dispositions éparses empruntées aux lois, ordonnances et arrêtés qui régissent, ou plutôt qui devraient régir le service des postes.

Ce service, en ce qui concerne le port des imprimés,

il faut que vous le sachiez, de l'aveu même de l'administration des postes et de M. le ministre des finances, est livré depuis longtemps à l'arbitraire par suite du provisoire, à l'anarchie par suite de la complication.

La perception, telle qu'elle s'exerce, viole ouvertement la législation interprétée et fixée par la jurisprudence ; elle brave hautement la censure de la cour des comptes ; elle varie chaque année, chaque mois, chaque jour, chaque heure, au gré de tel ou tel employé, selon que celui-ci, plus rigoureux, applique la loi et se conforme aux instructions de son administration, ou bien que celui-là, plus tolérant, les enfreint et s'appuie sur les interprétations du ministre.

Quand nous disons que la perception varie chaque heure, ce n'est pas une façon de s'exprimer, ce n'est pas une exagération ; c'est un fait strictement exact, à l'appui duquel toutes les preuves seront produites et communiquées à la commission qui sera chargée de l'examen de cette proposition, si la Chambre croit utile de la prendre en considération.

Comment cet arbitraire n'existerait-il pas ? D'un côté, la législation, la jurisprudence, l'administration des postes et la cour des comptes unanimes et méconnues ; de l'autre côté, le ministre des finances isolé, en désaccord flagrant avec elles, et cependant leur imposant sa volonté ; d'un côté, trois volumes in-4° d'instructions officielles, imprimés à l'imprimerie royale ; de l'autre côté, deux décisions ministérielles sans authenticité.

Tel qu'il est réglé par la loi du 4 thermidor an IV, art. 2, par l'ordonnance royale du 27 mars 1823, par la loi du 15 mars 1827, art. 8, par celle du 14 décembre 1830, art. 3, le droit de poste a pour base de perception plusieurs classes d'imprimés et diverses catégories de taxes.

Le droit de poste varie selon qu'il s'agit : 1° de livres, de catalogues et de prospectus ; 2° de journaux et d'ouvrages périodiques.

Pour les livres et prospectus, le droit fixé par la loi du 4 thermidor an IV est de 5 centimes par feuille de 25 décimètres carrés, de la moitié de cette somme par demi-feuille, et du quart pour chaque part de feuille ; cinq liards pour une feuille de 26 décimètres, six liards pour 36 décimètres, et ainsi progressivement.

Pour les journaux et ouvrages périodiques, le droit fixé par l'article 3 de la loi du 14 décembre 1830, devrait être de 4 centimes par feuille de 30 décimètres carrés et au-dessous, et de 4 centimes par chaque 30 décimètres ou fraction de 30 décimètres excédant, 8 centimes pour 31 décimètres, 12 centimes pour 61 décimètres, et ainsi progressivement.

C'est ainsi que l'ont jugé le tribunal de première instance de la Seine, par le jugement en date du 3 juillet 1835, la cour royale de Paris, par arrêt en date du 11 juillet 1836, et la cour de cassation, par arrêt en date du 18 mai 1837, dans une affaire importante, où il s'agissait de la restitution de 150 mille francs de droits légalement mais injustement perçus, car si la légalité était respectée, l'égalité ne l'était pas.

C'est dans le même sens que la cour des comptes a longuement motivé l'avis qu'elle a donné dans son rapport au roi sur les comptes de 1842 ; c'est aussi dans

le même esprit que l'administration des postes a ré-
digé ses instructions et perçu le droit pendant plus de
dix années, sauf quelques exceptions arbitrairement
faites qui ont été publiquement signalées.

Si l'art. 3 de la loi du 14 décembre était appliqué,
conformément au jugement du tribunal de première
instance de la Seine, à l'arrêt de la cour royale de Paris, à l'arrêt de la cour de cassation et à l'avis de la
cour des comptes, *le Constitutionnel*, qui a 65 décimètres carrés, devrait payer 12 centimes de port, *le Journal des Débats* et *la Presse*, qui ont 54 décimètres carrés, *le Courrier français*, *l'Union monarchique*, *la
Gazette des Tribunaux*, *le Droit*, etc., qui ont 40 décimètres carrés, devraient payer 8 centimes de port.

Le *Siècle*, et tous les journaux dont le format est au-
dessous de 30 décimètres, n'auraient le droit de publier un supplément qu'en payant deux timbres et
deux ports.

Nous laissons à l'écart, pour abréger cette énumé-
ration, une foule de journaux hebdomadaires. L'un
d'eux, qui s'étend sur 200 décimètres carrés, *la Se-
maine*, devrait payer 28 centimes; il n'en paye que 4,
quoique pendant dix ans d'autres recueils dont le format n'excédait pas 30 décimètres carrés aient été con-
traints de payer 8 centimes de port.

Cet arbitraire n'est pas le seul que nous ayons à signaler.

Aux termes de l'article 8 de la loi du 15 mars 1827,
modifié par l'art. 3 de la loi du 14 décembre 1830,
tout journal ou écrit périodique de 31 décimètres
carrés, si la loi était appliquée, devrait payer 8 cen-

times de port, tandis qu'aux termes de l'art. 2 de la loi du 4 thermidor an IV, les feuilles d'un livre broché, d'un catalogue ou d'un prospectus ayant également 31 décimètres carrés, ne sont tenues de payer que 6 centimes, conséquemment 2 centimes de moins. Eh bien! dans la pratique, aujourd'hui, c'est le contraire qui a lieu. Les imprimés, qui légalement devraient payer le plus, c'est-à-dire les journaux, sont ceux qui payent le moins ; ceux qui légalement devraient payer le moins, c'est-à-dire les livres, sont ceux qui payent le plus.

C'est une iniquité contre laquelle la librairie tout entière a le droit de protester, en s'armant du texte de la loi de thermidor an IV, contre la fausse interprétation de la loi de décembre 1830.

Mais pourquoi deux taxes : une pour les livres brochés, catalogues et prospectus; l'autre pour les journaux, gazettes et ouvrages périodiques? Pourquoi ces catégories? On vient d'en voir les graves inconvénients dans l'application. Il ne faut pas oublier, en matière de poste, que la perception des taxes, étant confiée à un personnel nombreux, généralement peu instruit et peu rétribué, composé en grande partie de femmes, ne saurait être trop simplifiée, si l'on veut éviter l'arbitraire et l'abus.

C'est ce que nous avons compris; aussi réduisons-nous à l'unité de taxe tous les imprimés, de quelque nature qu'ils soient, journaux, écrits périodiques, livres et prospectus.

Nous fixons le port des imprimés à 4 centimes pour chaque feuille de la dimension de 40 décimètres et au-

dessous. Ce port est augmenté par chaque 10 décimètres excédant.

Au lieu de 4 centimes, le *Constitutionnel* payera
6 centimes ; *le Journal des Débats* et *la Presse* payeront
5 centimes ; *le Siècle*, *le National*, *le Commerce*, *le
Courrier français*, *l'Union monarchique*, *la Gazette des
Tribunaux*, *le Droit*, etc., etc., continueront de ne
payer que 4 centimes, s'ils gardent leurs formats
actuels.

Aux termes de la loi du 15 mars 1827, termes dont
la désuétude s'explique par l'excès de leur rigueur, le
port, réduit de 5 à 4 centimes, par la loi du 14 décembre 1830, se double, se triple, se quadruple, dès que
la feuille dépasse 30, 60 ou 90 décimètres ; aux termes
de notre proposition, le port s'augmente de 1 centime
seulement de 10 décimètres en 10 décimètres excédant
le point de départ, fixé à 40 décimètres carrés.

Tout en restant fidèle à l'esprit des lois du 15 mars
1827 et du 14 décembre 1830, nous croyons l'avoir
amélioré ; nous maintenons le *droit proportionnel*, mais
nous le rendons moins rigoureux. Plus équitable, il
sera mieux observé.

On remarquera que nous avons tenu à ne pas nous
écarter du système décimal :

40 décimètres, 4 centimes ;
51 décimètres, 5 centimes ;
61 décimètres, 6 centimes ;
101 décimètres, 10 centimes ;
Et toujours ainsi progressivement.

Notre proposition, soigneusement étudiée, a deux
avantages :

Premièrement, elle met une limite à l'exagération du format de certains journaux, qui dépassent 200 décimètres carrés en surface, et 75 grammes en poids, d'où il suit que ces mêmes journaux, transportés sous bande de Paris à Marseille pour 4 centimes, s'ils étaient mis sous enveloppe, comme lettres, auraient à payer, au lieu de 4 c., 11 fr. 50|c. de port.

Deuxièmement, elle fait participer indirectement le trésor public à l'augmentation du produit des insertions payées.

Si l'on admet que les annonces prendront un jour en France le développement qu'elles ont acquis en Angleterre, les journaux comme *le Constitutionnel, le Journal des Débats, la Presse*, etc., etc., arriveront à publier un supplément tous les jours, ou à peu près. Or un supplément de 54 décimètres carrés aurait à payer 5 centimes de surcroît de port, soit, pour un journal tirant à 36,000 exemplaires, 1,500 fr. par jour, et par an 540,000 fr. Dans ce cas, ce journal payerait annuellement 1,080,000 fr. de droit de poste, à raison de 24,000 abonnés pour les départements, et de 12,000 pour Paris et la banlieue.

En ce qui concerne le port des journaux, le trésor public n'aurait donc qu'à gagner à la prise en considération de notre proposition.

En ce qui concerne la librairie, il y trouverait également de l'avantage. Le port des livres brochés étant aujourd'hui excessif, 5 centimes par feuille de 25 décimètres, ce n'est que par exception qu'on confie à la poste un volume, même une brochure; ce port étant réduit de plus de moitié, puisqu'il ne serait plus

que de 4 centimes par feuille d'impression de 49 décimètres, tirée double, c'est-à-dire ayant 32 pages, il
arriverait moins rarement à la poste d'être chargée
du transport des livres et des brochures, surtout pour
les communes éloignées des villes, où il est si difficile
de les y faire parvenir sans de grandes lenteurs et de
grands frais.

En ce qui concerne les prospectus, le trésor public
n'y perdrait rien, et l'administration des postes y ga-
gnerait d'écarter, par le minimum de la taxe fixé à
4 centimes, beaucoup de prospectus expédiés de Paris dans les départements, qui encombrent les malles-
postes, et dont l'envoi n'a lieu que parce que l'affranchissement est admis moyennant 1 liard, aux termes
de l'art. 2 de la loi du 4 thermidor an IV.

Un grand nombre de ces prospectus sont jour-
nellement adressés aux 240,000 électeurs, à tous les
maires des communes et à tous les desservants des
paroisses.

Imaginez-vous un malheureux facteur rural, obligé
fréquemment d'allonger sa course de plusieurs kilomètres pour opérer la remise d'un prospectus affran-
chi moyennant 1 liard, et qui le plus souvent n'est
pas ouvert ! De deux choses l'une, ou il le remet fidèlement, et c'est un salaire qui n'est pas proportionné
au service rendu ; ou il ne le remet pas, et c'est un vol :
c'est la démoralisation d'une grande administration
publique.

Ce serait donc à tort que l'on accuserait le port de
4 centimes d'être trop élevé pour les prospectus ; il ne
faut pas oublier que nous proposons d'abolir tout

droit de timbre ; or, les prospectus, attendu cette suppression du droit de timbre, apporteraient au service
régulier de la poste d'inextricables difficultés, s'ils
n'avaient à franchir qu'une barrière trop basse. Ils encombrent déjà les malles-postes. De plus, il y a lieu d'espérer que la taxe des lettres sera réduite à 20 centimes ;
le nombre des lettres s'en accroîtra certainement :
nous avons la ferme conviction qu'il triplera au moins.
C'est une réforme qu'il faut prévoir. Il est sage de s'y
préparer en diminuant la masse des prospectus, dont
le transport est onéreux, puisque, dans beaucoup de
cas, ils représentent un produit d'un liard ou de deux
liards pour une dépense évaluée à 8 centimes.

La disposition qui réduit de moitié le port des imprimés toutes les fois qu'ils seront destinés pour l'intérieur du département où ils sont publiés, n'est pas
une innovation, c'est une disposition en vigueur.
Peut-être, en vue de la réforme postale dont la Chambre est saisie, serait-il mieux de dire : à destination
de la ville pour la ville.

La disposition relative à l'exemption de port pour
les suppléments, exclusivement occupés par le texte et
les exposés de motifs des projets de lois et des ordonnances royales, les débats des séances législatives et
les documents officiels, est empruntée à une décision
ministérielle qui atteste que M. le ministre des finances
comprend la nécessité de favoriser, d'encourager la
publicité, qui veut être impartiale et fidèle. Nous
avons dû prévoir le cas où les travaux auxquels s'est
livrée la commission que vous avez chargée de rechercher les moyens d'améliorer le compte rendu de

vos séances, porteraient des fruits, et auraient une solution efficace et féconde.

Il n'est rien innové aux mesures d'ordre relatives à tout ce qui a pour objet d'empêcher que les imprimés ne nuisent au produit de la taxe des lettres.

La disposition qui défend expressément à toute personne étrangère au service des postes de s'immiscer dans le transport et la distribution des imprimés, de quelque nature qu'ils puissent être, ayant moins de cinq feuilles d'impression de 40 décimètres carrés, sous peine d'une amende de 300 fr., cette disposition n'est pas nouvelle. Elle est empruntée à plusieurs arrêtés, l'un du Directoire, en date du 2 nivôse an VI, s'appuyant sur les lois antérieures, et notamment sur l'édit du 18 juin 1681 ; l'autre, en date du 7 fructidor de la même année; le troisième émané des consuls, en date du 27 prairial an IX, lequel lui-même ne faisait que prescrire l'exécution de la loi du 26 août 1790, et de celle du 21 septembre 1792.

Ces trois arrêtés, se succédant si rapidement, attestent une préoccupation grave et un danger réel.

L'arrêté du 2 nivôse an VI se fonde sur ce que « la faculté illimitée que s'attribuent les entrepreneurs de transport de toute espèce de correspondance *favorise des communications clandestines et alarmantes pour la tranquillité publique.* »

La même pensée est reproduite dans l'arrêté du 7 fructidor an VI, qui renouvelle les mêmes défenses. Il s'exprime en ces termes : Un tel état de choses, indépendamment de ce qu'il accuserait la surveillance et l'activité du gouvernement, s'il pouvait subsister plus longtemps, occasionne une perte considérable sur les produits à attendre des postes aux lettres, et entraîne l'inconvénient plus grave de *favoriser les correspondances clandestines et criminelles.* »

Si la Chambre prend en considération la proposition que nous avons l'honneur de lui soumettre, la commission qui sera nommée aura à peser et les motifs de ces arrêtés et les motifs différents sur lesquels s'est fondée la cour de cassation pour rendre son arrêt du 15 janvier 1836[1], arrêt qui repousse l'interprétation donnée au décret de prairial an ix par le tribunal de première instance de la Seine ; arrêt qui décide que la déclaration du roi du 8 juillet 1759 ne constitue de privilége, quant au service de la poste dans l'intérieur de Paris, que pour la distribution des lettres, paquets de lettres et cartes, et n'interdit pas la distribution des journaux et écrits imprimés ; arrêt enfin à l'ombre duquel vivent à Paris huit entreprises rivales de l'administration des postes, qui, entre elles, ont distribué, en 1845, de 19 à 20 millions d'imprimés, ainsi que cela résulte d'un état que nous produisons. On peut évaluer largement à 500,000 fr. par an le préjudice causé à l'administration des postes par ces entreprises, dont, en cas d'interdiction, on pourrait utiliser le personnel exercé, ainsi que cela a déjà eu lieu dans une autre circonstance.

Le personnel de la poste, chargé exclusivement du service de Paris, comprend 17 bureaux et 433 facteurs. Or veut-on savoir ce que le transport des imprimés de Paris, pour Paris, a rapporté en 1845 à

l'administration des postes? un produit dérisoire,
7,540 fr. Un si faible produit a-t-il eu pour unique
cause le rabais offert à l'industrie et au commerce par
les huit entreprises de distribution à domicile ? Non ;
cette cause n'est pas la seule ; c'est ici le lieu de rappeler la pétition des principaux imprimeurs de Paris,
à l'occasion de laquelle un de nos honorables collègues,
M. Vivien, a interpellé deux fois M. le ministre des
finances, qui a pris formellement l'engagement de
faire droit aux griefs qu'elle articulait. Il y a de cela
plus de deux ans! Cette pétition avait pour objet de
demander la suppression du timbre auquel sont assu-
jettis les prospectus. Voici sur quel motif se fondaient
les pétitionnaires :

« La fraude, disaient-ils, s'exerçant sur une large
échelle, détruit les éléments d'une juste et loyale concurrence, et favorise, au détriment des imprimeurs les
plus honnêtes, ceux qui ne craignent pas de désobéir
à la loi. *Aujourd'hui, on s'adresse, pour le transport des
imprimés, presque exclusivement aux entreprises privées,
parce qu'à la poste les contraventions sont constatées et
poursuivies, tandis que là elles sont assurées de l'impu-
nité. Du moment où le droit de timbre serait supprimé,
la poste reprendrait ses avantages, et le trésor retrouverait
dans les produits du transport plus qu'il n'aurait perdu
par le timbre.* »

Préoccupée de cette question, votre commission
chargée d'examiner le projet de budget de l'exercice
1846, en avait recommandé l'étude à M. le ministre
des finances. Elle s'était demandé quels seraient, par

rapport aux produits des postes, les effets de la suppression du timbre, et, dans le cas où cette suppression aurait lieu, si la concurrence que font à l'administration des postes les entreprises de distributions à domicile serait moins sérieuse. Le défaut de renseignements précis l'a empêchée de conclure.

Cette pétition des principaux imprimeurs de Paris dont nous venons de parler, demandant la suppression du timbre sur les prospectus, est une transition qui nous amène naturellement à l'art. 2 de la proposition conçue en ces termes :

« Les droits de timbre sur les journaux et leurs suppléments, écrits périodiques, prospectus, affiches, avis, et tous autres imprimés, sont abolis. »

En ce qui concerne les prospectus et avis, nous n'ajouterons rien aux motifs allégués par les principaux imprimeurs de Paris.

En ce qui concerne les affiches, nous ferons valoir deux considérations, l'une et l'autre importantes :

Si les affiches n'étaient pas soumises au timbre, elles se multiplieraient pour annoncer, non-seulement les divers produits de l'industrie, mais aussi la vente des propriétés immobilières ; les propriétaires, la plupart du temps gênés quand ils veulent vendre leur propriété, économisent sur les frais préalables à la vente; ils restreignent le nombre des affiches, et, la publicité manquant à la vente, il arrive souvent qu'ils obtiennent un prix de beaucoup inférieur à celui qu'ils auraient trouvé si une publicité plus étendue leur eût permis d'aller chercher au loin, et jusque chez eux, à l'aide d'affiches et d'annonces, tous ceux qui avaient intérêt à l'acquisition de la propriété en vente ; le vendeur perd ainsi sur le prix, et le trésor sur les droits d'enregistrement.

L'autre considération est celle-ci : l'affiche peinte tend partout à se substituer à l'affiche collée, d'où il résulte qu'il y a deux catégories d'affiches.

Les unes, qui échappent au droit du timbre ;

Les autres, qui y sont soumises.

Celles-là, relativement à celles-ci, sont conséquemment privilégiées. Cette inégalité devant la loi doit disparaître. Est-il un autre moyen de la faire disparaître que d'affranchir du timbre les affiches imprimées et tirées sur papier ? Comment poursuivre en contravention les affiches peintes sur les murs ? Comment les assujettir au timbre ?

Nous approchons du terme de ces développements. Il ne nous reste plus qu'à vous entretenir des journaux et du droit de timbre qui les grève.

C'est au Directoire que les journaux français sont redevables de l'assujettissement du timbre. La première loi qui a soumis au timbre les journaux, gazettes, feuilles périodiques, feuilles de papier-musique, affiches, etc., est la loi du 9 vendémiaire an VI (art. 56 et 61). Cette loi fut présentée le 24 fructidor an V, quelques jours après le coup d'État qui frappait de la déportation quarante-deux journalistes.

Le timbre des imprimés est régi par les lois des 9 vendémiaire an VI, art. 56, 58, 60, 61 ; 3 brumaire an VI, 2 floréal an VI, 6 prairial an VII, art. 1, 2, 3 et 4 ; 29 fructidor an IX, art. 4 ; 30 thermidor an XII, 10 bru-

maire an xiv en leur entier ; 28 avril 1816, art. 77 ;
15 mai 1818, art. 76, et 14 décembre 1830, art. 2.

La loi du 14 décembre 1830 repose sur deux
systèmes, sur deux droits :

1° Le *droit* fixe, pour toutes les feuilles au-dessus
de 30 décimètres ;

2° Le *droit de dimension*, pour toutes les feuilles de
15 à 30 décimètres.

Le *droit fixe*, ou droit maximum, est de 6 centimes.

Le *droit de dimension* varie de 3 à 6 centimes.

3 centimes pour les feuilles de 15 décimètres et *au-
dessous*.

4 centimes pour les feuilles de 20 décimètres et *au-
dessous*.

5 centimes pour les feuilles de 25 décimètres et *au-
dessous*.

Lacune pour les feuilles de 30 décimètres et *au-
dessous*.

Dans beaucoup de cas et de lieux, les formes de la
perception de cet impôt sont infiniment gênantes,
souvent même elles créent d'insurmontables obstacles.

Ainsi, dans les départements, on n'appose le timbre
que dans les chefs-lieux de préfecture ; en sorte que
les journaux, prospectus, avis, affiches, etc., qui
s'impriment dans les autres villes du département,
doivent être timbrés au chef-lieu (comme cela arrive
notamment dans les villes de Saint-Etienne et du
Havre) ; il leur faut donc supporter ainsi de doubles
frais de transport, sans compter d'ailleurs les graves
inconvénients d'une avance de fonds plus considérable

et de plus longue durée, l'inexactitude possible et souvent constatée dans la livraison des feuilles timbrées. Ces inconvénients se font surtout sentir pour les journaux, dont l'une des conditions essentielles est la régularité de publication. Cette régularité peut donc souvent être affectée par le plus léger retard dans l'envoi des feuilles au garde-magasin du timbre, enfin, par diverses circonstances imprévues nécessitant un tirage extraordinaire.

Pour les prospectus, l'inconvénient de l'envoi au chef-lieu est assez grave pour que les industriels préfèrent souvent faire imprimer leurs prospectus à Paris, où le service du timbre est mieux organisé, et supporter ainsi des frais d'impression plus élevés et des frais de transport onéreux, plutôt que de subir les lenteurs, souvent si préjudiciables, qu'entraîne le service par le chef-lieu.

A Paris, ces entraves matérielles ne sont pas absolument de même nature, mais elles n'en sont pas moins réelles. Chaque jour, il faut que les journaux envoient au timbre le nombre de feuilles nécessaire à leur service du lendemain (ce qui, par parenthèse, exige d'immenses magasins, de vastes ateliers, considération qui n'est pas sans importance en ce moment, où la démolition de l'hôtel du timbre, situé rue de la Paix, est en projet, et où il est question d'en construire un autre). A moins de s'approvisionner à l'avance, les journaux sont exposés, en cas d'impression d'un supplément nécessité par l'événement du jour, d'accident dans le tirage ou tout autre cas fortuit, à manquer la publication, s'ils ne veulent pas courir la chance de la saisie et d'une amende considérable (1). Or les conditions habituelles d'existence de la plupart des journaux s'opposent à l'emmagasinage d'une grande quantité de papier : il suffit d'indiquer la cherté du loyer dans les quartiers où doivent, de toute nécessité, être situés les bureaux d'un journal quotidien, les combinaisons financières de la plupart des journaux, l'énormité des dépenses journalières qu'ils ont à supporter. Le timbre favorise la fraude par les marchands de papier qui livrent directement à l'administration du timbre ; les poids ne sont vérifiés dans les bureaux du journal qu'après l'apposition de l'empreinte, c'est-à-dire alors qu'il est impossible de refuser le papier livré.

Tous ces inconvénients sont graves, et la disposition législative qui aura pour effet de les faire disparaître méritera le nom d'amélioration.

Le timbre supprimé, plus de fraude, plus de contraventions, plus de poursuites.

Le timbre sur les journaux anglais, qui était de 40 cent., a été réduit, en 1836, à 10 cent. par feuille ayant moins de 99 centimètres carrés, non compris les marges ; cette taxe peut paraître encore très-élevée, mais il faut se hâter d'ajouter que tous les journaux et toutes les publications périodiques timbrés sont *transportés gratuitement* dans toute l'étendue du royaume, pourvu qu'ils aient été mis à la poste dans les sept jours de la date de leur publication.

(1) La perception de l'impôt du timbre sur les imprimés est protégée par une pénalité exorbitante. Chaque feuille non timbrée constitue une contravention, et chaque contravention est frappée de la confiscation de la feuille saisie et d'une amende de 22 fr.

En Allemagne, le timbre n'existe que par exception
dans quelques États. La Russie, la Prusse, la Bavière,
la Saxe, le pays de Bade, etc., etc., ne frappent la
presse d'aucun droit de timbre ; aussi la *Gazette
d'Augsbourg* ne coûte-t-elle que 30 fr. par an.

Le timbre sur les imprimés n'existe pas aux États-
Unis, où toute faveur est accordée à la publicité, laquelle y est considérée comme étant l'âme de l'industrie et du commerce, par le développement qu'elle
imprime à la consommation.

Non-seulement il n'y a pas de timbre aux États-Unis
sur les journaux, mais les journaux dont la dimension
ne dépasse pas 1,900 pouces sont transportés gratuitement dans un rayon de 30 milles (48 kilomètres). Au
delà de 30 milles, ils payent 5 cent. 1/2 pour un parcours en deçà de 160 kilomètres ; 8 cent. 1/4 pour un
parcours au delà de 160 kilom. Les journaux dont la
dimension dépasse 1,900 pouces carrés sont taxés
d'après le tarif des brochures.

Ce serait une erreur de croire que les journaux
souhaitent généralement la suppression du timbre ; ils
la craignent plus qu'ils ne la désirent. Ils redoutent
l'inconnu de la concurrence ; ils pensent que le prix
de l'abonnement s'abaissera, et que le nombre des
journaux s'augmentera.

En ce qui me concerne personnellement, je ne le
crois pas ; ma conviction à ce sujet se fonde sur des
motifs qu'il serait trop long d'exposer ici, et qui trou-
veront leur place dans la discussion.

Mais, de deux choses l'une :

Ou le nombre des journaux ne s'accroîtra pas,

et alors toute crainte à cet égard est chimérique ;

Ou bien le nombre des journaux s'accroîtra, et alors le trésor retrouvera amplement, sous la forme du droit de poste augmenté, ce qu'il aura perdu sous la forme du droit de timbre supprimé.

Ce qui n'est pas douteux, c'est que tout abaissement du prix de l'abonnement aurait pour résultat certain d'augmenter le nombre des abonnés et, par suite, les produits de l'administration des postes, surtout si cette administration facilitait les abonnements, au lieu d'y mettre obstacle par des circulaires irréfléchies et des interdictions à contre-sens, qu'elle ne saurait trop se hâter de lever.

Cela est attesté par l'état des produits du droit de timbre sur les journaux depuis 1831 jusqu'à 1845.

1831............	2,517,213 fr.
1832............	2,359,405
1833............	2,290,605
1834............	2,246,677
1835............	2,227,539
1836............	2,365,187
1837............	2,787,523
1838............	2,727,640
1839............	2,995,322
1840............	3,151,083
1841............	3,363,524
1842............	3,518,564
1843............	3,630,336
1844............	3,822,387
1845............	4,351,176

1er juillet 1836. — Fondation de la Presse et du Siècle.......

Avénement de la Presse à 40 fr.

Simple rapprochement :

1831............ 2,517,213 fr.
1835............ 2,227,539

Perte 289,674 fr.

Simple rapprochement.

1845.......... 4,351,176 fr.
1835.......... 2,227,539   Gain 2,123,637

Un résultat analogue a eu lieu pour l'administration des postes.

En janvier 1836, six mois avant l'avénement de *la Presse* à 48 fr., le produit des postes avait été de 119,096 fr.

En janvier 1847, le produit s'est élevé à 196,855 fr.

Près de quatre cinquièmes en sus !

Nul doute donc que l'abaissement du prix d'abonnement des journaux n'ait pour effet d'accroître considérablement les produits de la poste.

Mais cet abaissement du prix d'abonnement des journaux de Paris n'aurait-il pas pour effet de porter une grave atteinte aux journaux des départements ? Hâtons-nous de répondre à cette préoccupation que nous avons dû pressentir, à cette question que nous avons dû prévoir.

La suppression du timbre laisserait exactement les choses dans l'état où elles sont. Ce serait un niveau qui s'abaisserait également et indistinctement, aussi bien pour les journaux qui souffrent que pour les journaux qui prospèrent.

Nous croyons avoir été au-devant de toutes les objections, à l'exception d'une seule que nous avons réservée pour la dernière.

Nous prions la Chambre de croire que cette objection n'a pas cessé un seul instant d'être présente à notre pensée : nous voulons parler du déficit que l'abolition du timbre sur les imprimés pourrait faire craindre dans l'état actuel de nos finances.

Il dépendra de la Chambre et du gouvernement qu'il n'y ait aucun déficit.

En ce qui concerne le gouvernement, il n'aura qu'à appliquer les lois existantes aux polices d'assurances et aux actions des compagnies de finances, de commerce et d'industrie.

Les polices d'assurances sont soumises au timbre par l'article 56 de la loi du 9 brumaire an VI, par la disposition générale de l'article 12 de la loi du 13 brumaire an VII, et par le décret impérial du 3 janvier 1809.

Les actions des compagnies de finances sont assujetties au timbre en vertu de la disposition générale de l'article 12, n° 2, de la loi du 12 brumaire an VII.

Pourquoi les laisse-t-on s'en affranchir et priver le trésor d'une recette que l'administration de l'enregistrement et des domaines évalue à 1,500,000 fr. ? Cela suffirait et au delà pour combler le déficit résultant de la suppression du timbre sur les imprimés.

L'impôt du timbre sur les actions des compagnies de de finances et les polices d'assurances est un impôt justement assis ; il n'en est pas ainsi de l'impôt du timbre sur les journaux. Cet impôt, à part qu'il est excessif, est illibéral ; car il est prélevé sur le *droit* et le *devoir* qu'ont tous les citoyens, tous les contribuables, de connaître la loi, les actes du gouvernement, les débats législatifs ; de n'ignorer rien de ce qui importe aux intérêts généraux ; enfin, de s'éclairer, de former leur opinion : un tel impôt est détestable et doit avoir le même sort que la rétribution universitaire, qui a été abolie. Le même reproche ne saurait être adressé au droit de poste ; car, en ce qui concerne les imprimés, ce droit n'est pas même la juste rémunération d'un service rendu, puisque les frais de manutention, de transport et de distribution à domicile dans toute l'étendue du royaume s'élèvent à 8 cent., et que l'administration des postes ne se fait rembourser que 4 cent. par numéro de journal. Perte : 4 cent.

Étrange inconséqnence qui révèle avec quelle légèreté, avec quelle ignorance ont été faites toutes les lois fiscales qui régissent la presse périodique !

Comment ! voilà cinquante ans que notre gouvernement est accusé de vouloir écraser les journaux sous le poids d'impôts exorbitants, et ce qu'il y avait de si simple à faire, il ne lui est pas venu dans la pensée de l'entreprendre !

C'était de supprimer le droit de timbre, qui est un impôt vexatoire, et d'exiger des journaux le strict remboursement des frais de port.

N'est-ce pas, en effet, une inconséquence, de ne demander aux imprimés que la moitié de ce qu'ils coûtent à transporter, lorsqu'on les assujettit, sous une autre forme, à un impôt vexatoire, illibéral, qui ne se justifie par rien ; de rendre ainsi d'une main ce qu'on prend de l'autre ? N'est-ce pas une absurdité de se donner les apparences et les inconvénients d'une âpre fiscalité, lorsqu'on ne s'en donne pas les profits ?

Telle qu'elle est conçue, notre proposition fait cescer cette anomalie ; elle ménage tous les intérêts, les intérêts du trésor public aussi bien que les intérêts des journaux, de ceux de Paris comme de ceux des départements, du petit comme du grand format.

Nous avons dit qu'il dépendrait de la Chambre que la suppression du timbre ait pour résultat de ne causer aucun déficit.

Ce que nous avons avancé est facile à démontrer.

Nous admettons hypothétiquement que le gouvernement ne veuille pas faire servir l'impôt qu'il a le droit et le devoir de prélever sur les polices d'assurances et les actions, à couvrir le déficit résultant de la suppression du timbre des imprimés. Soit. Dans ce cas, qu'est-ce qu'aura à faire la commission qui sera nommée, si notre proposition est prise en considération ? Quelque chose de fort simple. Elle n'aura qu'à élever le droit de poste dont nous avons maintenu le minimum à 4 centimes, jusqu'au taux nécessaire pour couvrir le déficit. Elevât-elle le droit de poste à 8 centimes, que ce ne serait pas encore un impôt, que ce ne serait encore que le strict remboursement des déboursés de l'administration, de ses frais de manutention, de transport et de distribution.

Est-il possible que la Chambre hésite à entrer dans cette voie si rationnelle ? Nous ne le croyons pas.

Terminons donc en résumant les avantages de notre proposition.

Elle conserve rationnellement une taxe dont M. le ministre des finances a pu dire sans être contredit : « *S'il n'y avait que les journaux à transporter, les frais de transport absorberaient la recette.* » En effet, le port

des imprimés, fixé à 4 centimes par feuille de 40 décimètres et au-dessous, et s'augmentant de 1 centime.
par chaque 10 décimètres excédant, n'est pas un impôt,
mais l'insuffisante rémunération d'un service, mais un
salaire contre la modicité duquel la concurrence de
l'industrie privée ne pourrait pas lutter; assurément
l'industrie privée pourrait, dans quelques grandes
villes, se charger de la distribution des imprimés,
moyennant un prix rémunérateur plus faible; mais,
dans les petites villes et dans les communes rurales, il
en serait tout autrement. Ce qu'il faut donc voir ici,
c'est l'unité de prix, quels que soient la distance à
parcourir et le petit nombre de feuilles à distribuer ; ce
qu'il faut voir encore, c'est l'avantage accordé aux
imprimés sur les lettres, puisque, dans l'hypothèse de
l'adoption de la réforme postale la plus radicale, le
port, quelle que soit la distance, ne descend pas au-dessous de 20 centimes par lettre de 10 grammes. Com-
parez donc à une feuille du poids de 10 grammes, une
feuille d'un poids indéterminé et pouvant s'étendre
jusqu'à 49 décimètres !

Elle réconcilie la loi et la jurisprudence avec l'administration ;

Elle supprime toute difficulté d'interprétation, et
rend désormais impossible tout arbitraire dans la perception relative au port des imprimés.

Elle rétablit ou plutôt elle maintient judicieusement le droit proportionnel de la loi du 15 mars
1827, transporté dans l'art. 2 de la loi du 14 décembre 1830.

Elle met une borne à l'abus de l'extension illimitée

des formats et aux combinaisons infinies du journal-livre;

Elle rend toute fraude, toute contravention matériellement impossibles;

Elle fait cesser l'encombrement des malles-postes en écartant, par le minimum de la taxe fixée à 4 c., beaucoup de prospectus expédiés de Paris, dont la distribution onéreuse n'avait lieu que parce que l'affranchissement n'excédait pas 1 ou deux liards;

Elle efface, entre les affiches imprimées sur papier et les affiches peintes sur les murs, une inégalité qui a cela de fâcheux qu'elle montre l'impuissance de la loi;

Elle fait participer indirectement le trésor public au développement du produit des annonces dans les journaux;

Elle donne satisfaction aux principaux imprimeurs de Paris, dont la Chambre, la commission du budget de 1846 et M. le ministre des finances avaient accueilli avec faveur la pétition;

Elle est une justice tardive rendue à la librairie; car, au lieu d'avoir à payer 5 centimes par feuille de 25 décimètres, les livres n'auraient plus à payer que 4 centimes par feuille de 49 décimètres; la feuille d'impression désormais se tirerait double et serait de trente-deux pages au lieu de seize; les livres seraient traités, avec les journaux, sur le pied de l'égalité;

Elle abolit un impôt exorbitant, gênant, vexatoire, illibéral, ne se justifiant par aucune autre considération, pas même par l'intérêt fiscal : elle LE SUPPRIME, car une réduction laisserait subsister tous les obstacles et tous les inconvénients de la perception. M. le ministre des finances l'a dit avec raison : « Une réduction doit avoir un but. Eh bien, une réduction considérable peut atteindre un certain résultat ; une réduction insignifiante ne l'atteint pas, et il reste l'inconvénient de la réduction pour le trésor. »

Elle y substitue un droit qu'on peut élever jusqu'à 8 centimes, sans avoir à redouter aucune plainte fondée, puisque 8 centimes ne seraient que le strict remboursement des frais de port ;

Elle complète ce que la Chambre a fait en 1840 pour les journaux de musique et d'agriculture ;

Enfin, elle n'impose au trésor public de sacrifices que celui qu'il plaira de faire à la Chambre et au gouvernement. Absolument aucun, s'ils s'entendent pour vouloir qu'il en soit ainsi.

Nous espérons donc que la Chambre jugera la question au moins digne des études et de l'examen approfondi d'une commission.

PROPOSITION.

Article premier.

Le port des imprimés de toute nature, journaux, recueils, écrits périodiques, livres, prospectus, affiches et autres, transportés hors des limites du département où ils sont publiés, et quelle que soit la distance parcourue dans le royaume, est fixé à 4 c. pour chaque feuille de la dimension de 40 décimètres et au-dessous; ce port sera augmenté d'un centime par chaque dix décimètres excédant.

Les mêmes imprimés ne payeront que la moitié des prix fixés ci-dessus, toutes les fois qu'ils seront *destinés pour l'intérieur du département* où ils auront été publiés. Les mêmes conditions seront applicables aux avis de naissance, de mariage, de décès et aux cartes de visite.

Il ne sera perçu aucun droit de poste sur les suppléments exclusivement occupés par le texte et les exposés de motifs des projets de lois et des ordonnances royales, les débats des séances législatives et les documents officiels.

Le port devra toujours être acquitté d'avance. Les journaux et imprimés ne pourront être expédiés que sous bandes, et ces bandes devront être disposées de manière que le contenu puisse être facilement vérifié.

Ils ne devront contenir ni chiffres, ni signes quelconques, ni caractères imprimés après coup, ni aucune espèce d'écriture à la main, si ce n'est sur les mémoires, circulaires, annonces et avis divers, la date et la signature de l'envoyeur.

En cas d'infraction, ces objets seront taxés comme lettres.

Les avis imprimés de naissance, de mariage, de décès ou autres pourront être présentés à l'affranchissement sous forme de lettres, pourvu qu'ils soient pliés de manière à être facilement vérifiés.

Les dispositions qui précèdent sont applicables aux imprimés originaires ou à destination de l'Algérie.

Il est expressément défendu à toute personne étrangère au service des postes de s'immiscer dans le transport et la distribution des imprimés, de quelque nature qu'ils puissent être, ayant moins de cinq feuilles d'impression de 40 décimètres carrés, sous peine d'une amende de 300 francs par chaque contravention.

ART. 2.

Les droits de timbre sur les journaux et leurs suppléments, écrits périodiques, prospectus, affiches-avis et tous autres imprimés, sont abolis.

FIN.

TABLE DES MATIÈRES.

CORBEIL, imprimerie de CRÉTÉ.

www.ingramcontent.com/pod-product-compliance
Lightning Source LLC
Chambersburg PA
CBHW071347280326
41927CB00039B/2065